첫 번째
인형 브로치

첫 번째 인형 브로치

사부작사부작 손바느질로 만드는 감성 브로치 19

—

2017년 10월 25일 1판 1쇄 인쇄
2017년 11월 5일 1판 1쇄 발행

—

지은이 신소금
펴낸이 이상훈
펴낸곳 책밥
주소 03986 서울시 마포구 동교로23길 116 3층
전화 번호 02) 582-6707
팩스 번호 02) 335-6702
홈페이지 www.bookisbab.co.kr
등록 2007.1.31. 제313-2007-126호

—

기획진행 박미정
교정교열 추지영
디자인 디자인허브(김세민, 박미정)
촬영 어시스트 김지연

—

ISBN 979-11-86925-27-0(13630)
정가 14,000원

—

책밥은 (주)오렌지페이퍼의 출판 브랜드입니다.

이 도서의 국립중앙도서관 출판예정도서목록(CIP)은 서지정보유통지원시스템
홈페이지(http://seoji.nl.go.kr)와 국가자료공동목록시스템(http://www.nl.
go.kr/kolisnet)에서 이용하실 수 있습니다.(CIP제어번호: CIP2017027068)

첫 번째

인형 브로치

신소금 지음

사 부 작 사 부 작   손 바 느 질 로   만 드 는   감 성   브 로 치   19

책밥

디자인을 전공하고 일러스트레이터로 일하던 사람이 '어쩌다' 바느질장이가 되었습니다.
그저 바느질이 좋아서 손가락을 꼼지락거리며 이것저것 만들다 보니 어느새 바느질이 업이 되었습니다.
한땀 한땀 바느질하는 시간은 어지러운 마음을 내려놓고 평안을 얻는 치유의 과정이었습니다.
동글동글한 인형 얼굴을 만들고 머릿속으로 그린 표정을 수놓는 동안
아이가 빗물 웅덩이를 찰박거리는 것과 같은 흥분으로 몰입하게 됩니다.

바느질은 재미있습니다.
상상하는 무엇이든 만들어낼 수 있으니까요.
아이가 갖고 싶은 공룡이나 준비물 가방, 심지어 남편의 넥타이도 뚝딱뚝딱 만들어낼 수 있답니다.
바늘땀이 크고 삐뚤삐뚤하면 어때요. 그것이 바로 핸드메이드의 매력인데요.
고급스러운 원단이 아니어도 좋습니다.
작아진 아이 옷이나 해진 양말로도 멋진 물건이 탄생하죠.
실과 바늘, 천, 거기에 약간의 상상력만 있으면 무엇이든 만들 수 있답니다.

양갈래 머리를 땋은 소녀, 새침데기 고양이, 귀여운 토끼…….
작은 조각 천들이 고요의 시간을 거쳐 무궁무진한 이야기들로 새롭게 태어납니다.
초록 장화를 신고 귀여운 개구리 브로치를 달고 빗속을 폴짝폴짝 뛰어가는 아이의 모습을 상상하면
바느질이 더욱 신나고 즐겁답니다.

인형을 만들어보고 싶지만 바느질이 처음이라면 작은 인형 브로치부터 시작해 보세요.
사부작사부작 바느질로 뭔가를 만들어내는 동안 소소하지만 따뜻한 기쁨과 행복을 느꼈으면 좋겠습니다.

책의 기획부터 탈고까지, 오랫동안 믿고 기다려주신 '책밥' 식구들께 감사한 마음 전합니다.

늘 정신없이 바쁘고 부족한 엄마이지만
세상에서 가장 따뜻한 사람이라고 말해 주는 꼬마 다람쥐,
참 고맙습니다.

2017년 신소금

차례 *contents*

1 인물 인형 브로치 만들기

2 동물 인형 브로치 만들기

3 식물 인형 브로치 만들기

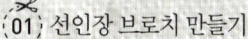

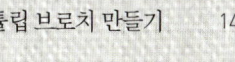

일러두기

1. 이해를 돕기 위해 바느질 선이 잘 보이도록 빨간색 실을 사용했습니다. 독자 여러분은 원단과 비슷한 색상의 실을 사용하면 됩니다.

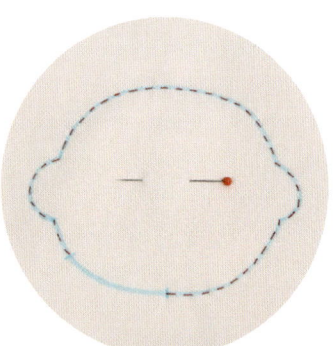

2. 식서의 방향을 도안에 따로 표시하지 않았습니다. 기본적으로 얼굴의 상하 길이를 식서 방향으로 보면 됩니다.

3. 이 책에 수록된 도안의 선은 바느질 선입니다. 따라서 반드시 시접을 남기고 재단해야 합니다.

4. 이 책에서는 자수실로 DMC25번사와 앵커 25번사를 사용했으며 주로 두 올을 뽑아 수를 놓았습니다.

5. 이 책에서 사용한 펠트는 부드러운 느낌의 소프트 펠트입니다.

6. 눈 · 코 · 입은 도안대로 수놓아도 되지만 가능한 창의적으로 그려보세요. 눈 · 코 · 입 표정에 따라 더욱 개성 있는 나만의 인형 브로치를 완성할 수 있습니다.

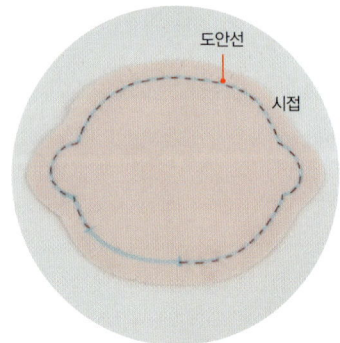

바늘에 실 꿰기

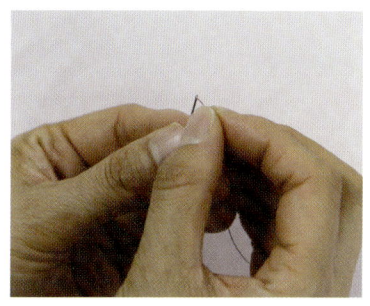

01 바늘구멍에 실을 넣습니다.

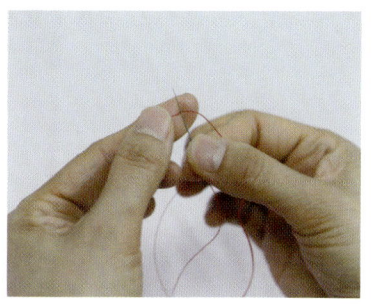

02 실의 긴 쪽 끝을 왼손 검지 위에 가로로 올리고 그 위에 바늘을 수직으로 세웁니다.

03 바늘에 실을 2~3바퀴 감아줍니다.

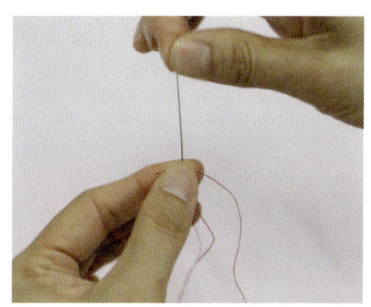

04 그대로 실을 잡고 바늘 아래로 빼줍니다.

05 매듭이 생깁니다.

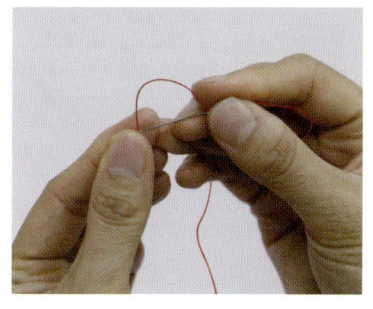

06 반대편의 짧은 실 끝을 왼손 엄지와 검지로 잡고 실 사이로 바늘을 통과합니다.

참고 • 이렇게 하면 바느질할 때 바늘이 걸려서 빠지지 않습니다.

바느질 재료와 도구 알아보기

바느질에 필요한 기본적인 도구는 실과 바늘, 가위 그리고 원단입니다. 거기에 솜, 눈·코·입을 표현할 자수실이나 패브릭용 물감, 브로치 핀이 있으면 누구나 쉽게 인형 브로치를 만들 수 있습니다. 이 책에는 다양한 도구들을 하나하나 소개할 거예요. 하지만 바느질을 처음 시작하는 경우에는 이 도구들을 모두 다 갖출 필요는 없답니다. 위에서 말했듯이 가장 기본적인 '실과 바늘, 가위, 원단'만 있으면 된답니다.

● **바느질에 필요한 기본 재료와 도구들**

1. 바늘

바늘귀의 크기와 길이, 굵기에 따라 여러 용도로 나눠집니다. 바느질을 처음 시작하는 경우에는 다양한 크기가 한꺼번에 들어 있는 기본 바늘 세트를 구비해 사용하면서 자신에게 맞는 바늘을 찾으면 됩니다.

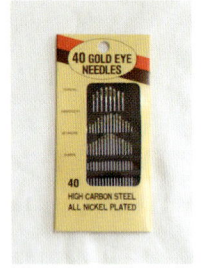

ⓐ 인형용 바늘 : 긴 바늘은 솜을 넣은 인형을 통과해서 비느질할 때 유용합니다.

ⓑ 비즈용 바늘 : 비즈를 달거나 일반 손바느질에도 많이 사용하는 바늘입니다. 바늘귀가 얇아서 얇은 천에 바늘 자국이 나지 않아 아주 좋습니다. 손바느질에는 6호를 가장 많이 사용합니다.

ⓒ 퀼트용 바늘 : 퀼트, 즉 누빔을 할 때 사용하는 바늘로 길이가 짧습니다.

ⓓ 자수용 바늘 : 바늘귀가 커서 자수용 실을 꿰기에 좋습니다. 크로바 자수용 바늘은 호수가 클수록 길이가 짧고 두께는 얇답니다. 여러 겹의 두꺼운 실을 사용할 경우에는 3호, 얇은 실 1올을 사용할 경우에는 9호나 10호가 적당합니다. 보통 2~3올을 겹쳐 사용할 때는 7호 바늘이 좋습니다.

ⓔ 시침 핀 : 본 바느질이 용이하도록 원단 두 겹을 임시로 고정할 때 사용합니다. 굵은 것보다 가는 것을 사용해야 원단이 손상되지 않습니다.

ⓕ 핀 쿠션 : 바늘과 시침 핀을 꽂아두는 것으로 바늘꽂이 혹은 바늘방석이라고도 부릅니다. 핀 쿠션은 두고두고 사용하는 것인 만큼 예쁘게 만들어두면 좋겠죠.

2. 실

보통 손바느질에 사용하는 것은 퀼트용 면사입니다. 일반 면사에 비해 강하고 꼬임이 적어서 초보자
가 사용하기에 좋답니다. 실은 원단과 같은 것을 고르는데, 리넨에는 리넨사, 면에는 면사, 견직물에는
견사를 사용하는 것이 좋습니다.

3. 가위

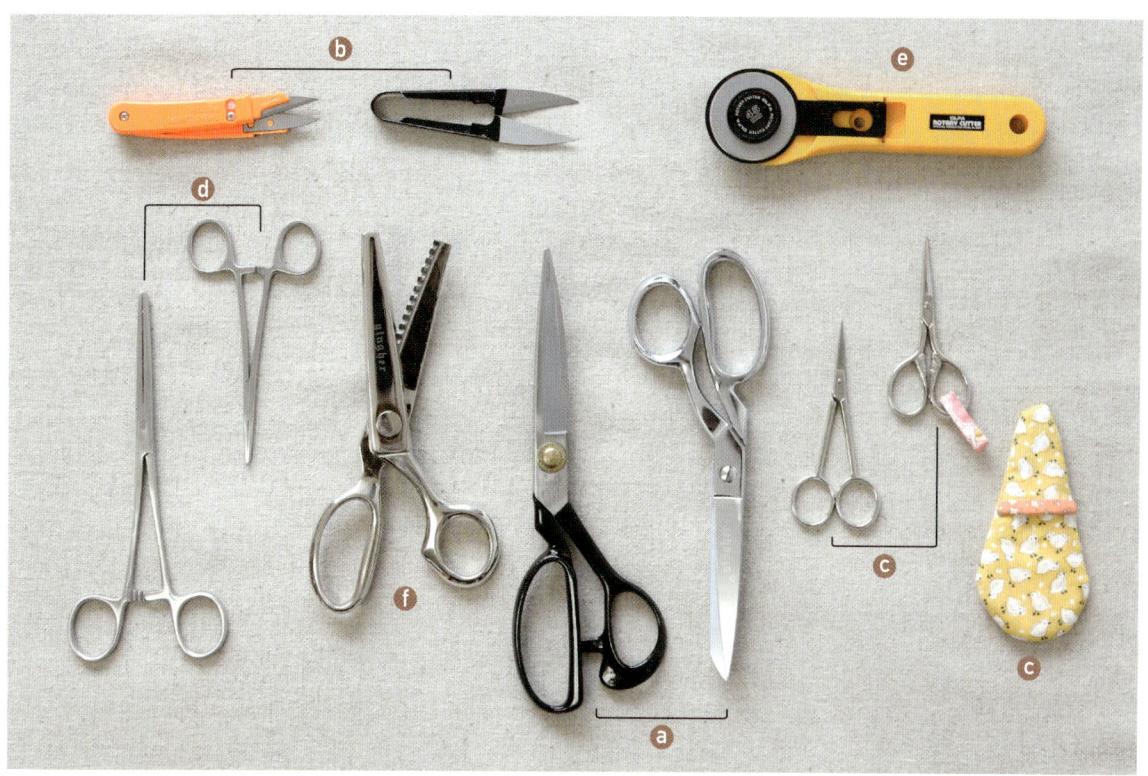

ⓐ 재단가위 : 원단을 자를 때 사용하는 가위입니다. 재단가위로 원단 외에 종이 등을 자르면 날이 무
 　 뎌질 수 있으니 주의합니다.

ⓑ 쪽가위 : 실을 자르는 가위입니다.

ⓒ 수예용 가위 : 패치워크나 자수를 할 때 실을 자르거나 작은 원단을 자르는 용도로 사용합니다.

ⓒ 가위집 : 끝이 뾰족한 가위들은 가위집에 넣어 보관해야 안전합니다.

ⓓ 겸자가위 : 원단에 솜을 채우거나 원단을 뒤집을 때 사용합니다. 특히 인형을 만들 때 매우 편리합
 　 니다.

ⓔ 원형재단칼 : '로터리 커터'라고도 불리며 원단을 자를 때 사용합니다. 대량의 원단이나 미끄러운
 　 원단을 재단할 때 편리합니다. 하지만 바느질 초보자에게 꼭 필요한 도구는 아닙니다.

ⓕ 핑킹가위 : 가장자리가 지그재그 모양으로 잘리는 가위입니다. 자수를 할 때 원단의 가장자리 올
 　 이 풀리지 않도록 핑킹가위로 자릅니다. 편리하지만 초보자가 꼭 갖춰야 할 도구는 아닙니다.

4. 원단

인형이나 인형 브로치를 만들 때는 다양한 원단을 사용할 수 있습니다. 하지만 순면(cotton)이나 리넨 (linen) 등 천연섬유를 사용하면 더 좋아요. 가장 많이 사용하는 소재는 면입니다.

면은 실의 굵기에 따라 20수, 30수, 40수로 나뉘는데 수가 올라갈수록 실이 얇은 것입니다. 따라서 30수가 20수보다 더 얇고 부드럽습니다. 인형을 만들 때는 보통 30수 면을 가장 많이 사용해요. 무늬 가 없는 단색 솔리드 원단ⓐ은 인형의 몸을 만들 때, 무늬가 있는 원단ⓒ은 의상 등을 만들 때 사용합 니다. 짜임 방식에 따라 능직 또는 평직으로 나뉘는데, 능직(twill)ⓑ은 사선으로 짜인 직물을 말합니 다. 평직ⓐ은 씨실과 날실을 한 올씩 엇바꿔 짜는데, 가장 기본적인 원단 짜임 방식입니다. 인형을 만 들 때는 주로 평직 원단을 사용하지만 질감을 살리기 위해 능직 원단을 사용하기도 해요. 광목ⓔ은 평 직으로 넓게 짠 면직물로 조금 거칠지만 자연스러운 느낌을 좋아하는 사람들이 선호합니다. 자수를 놓 을 때나 소품, 인형 의상 등에는 리넨ⓓ을 많이 사용하는데, 아마 실로 짠 원단으로 고급스러운 질감을 가지고 있어요. 리넨은 구김이 잘 가고 약간 거친 느낌인데, 면마 원단은 이런 단점을 보완한 것이에 요. 얇게 비치는 거즈ⓕ 원단은 인형 바디를 만들기에는 무리가 있지만 의상이나 액세서리를 만들 때 부드러운 느낌을 살릴 수 있답니다.

ⓐ 오가닉 면(organic cotton) : 일정 기간 이상 화학비료를 사용하지 않고 키운 목화로 만든 원단
으로 오가닉 원단 인증을 받은 것이랍니다. 아기들 인형이나 딸랑이, 의류 등에 많이 사용합니다.
오가닉 다이마루[1]는 신축성이 좋으므로 솜을 넣을 때 지나치게 늘어나지 않도록 주의합니다.

ⓑ 소프트 펠트 : 펠트는 양모를 압축하여 만든 천으로 부드럽고 따뜻한 느낌을 연출할 수 있습니다.
하지만 시중에서 쉽게 구할 수 있는 펠트는 폴리에스테르입니다. 인형을 만들 때는 풀을 먹여 빳
빳한 하드 펠트보다 부드러운 소프트 펠트를 주로 사용합니다.

ⓒ 코듀로이(corduroy) : 경사 방향으로 골이 지게 짠 직물을 말합니다. 보통 순면이지만 면과 합성
섬유의 혼방 제품들도 있으니 확인하고 구입하는 것이 좋습니다.

ⓓ 기모 원단 : 직물의 표면에 보풀이 일어나게 가공한 원단입니다. 주로 동물 인형의 털을 표현하는
데 사용합니다. 면, 견, 모, 합성섬유 등 다양한 종류가 있으니 질감뿐 아니라 어떤 종류인지 알아
보고 용도에 맞는 것을 선택합니다.

---

1 다이마루는 신축성이 좋은 티셔츠 등에 사용하는데, 쉽게 줄어들거나 늘어날 수 있습니다.

5. 바느질용 펜

원단에 완성선을 그릴 때 사용하는 다양한 펜들이 있습니다. 초보자들은 몇 가지를 사용해 보고 취향에 따라 선택하면 됩니다.

ⓐ 수성펜 : 분무기로 물을 뿌리거나 물세탁 시 지워지는 펜입니다. 푸른색 수성펜은 물로 지웠을 때 다른 색상에 비해 얼룩이 많이 올라오는 편입니다.

ⓑ 기화펜 : 물을 뿌리지 않아도 시간이 지나면 자연스럽게 선이 사라집니다. 그렇기 때문에 완성선을 그린 다음 곧바로 바느질할 때 사용하면 좋습니다.

ⓒ 초크펜슬 : 심이 초크로 된 연필입니다. 뒤쪽의 브러시를 이용해 잘못 그린 선을 지울 수 있습니다.

ⓓ 초크샤프펜슬 : 초크펜슬보다 더 섬세하게 완성선이나 재단선을 그릴 때 사용하는 샤프펜슬 타입의 초크로, 초크의 색상을 바꿔서 사용할 수 있습니다.

ⓔ 초크라이너 : 사용 시 초크 가루가 나오는 펜으로 안에 담긴 초크 가루를 다 사용했을 때 분말만 구입하여 교체할 수 있습니다.

ⓕ 철필 : 뾰족한 쇠로 만든 철필은 완성선을 그릴 때 사용하는 것은 아니지만 도안을 원단에 옮길 때 유용한 펜입니다. 먹지나 초크 페이퍼 위에 도안을 올리고 꾹 눌러 자국을 남기는 것인데, 철필이 없으면 볼펜이나 날카로운 펜을 대신 사용해도 됩니다.

6. 자

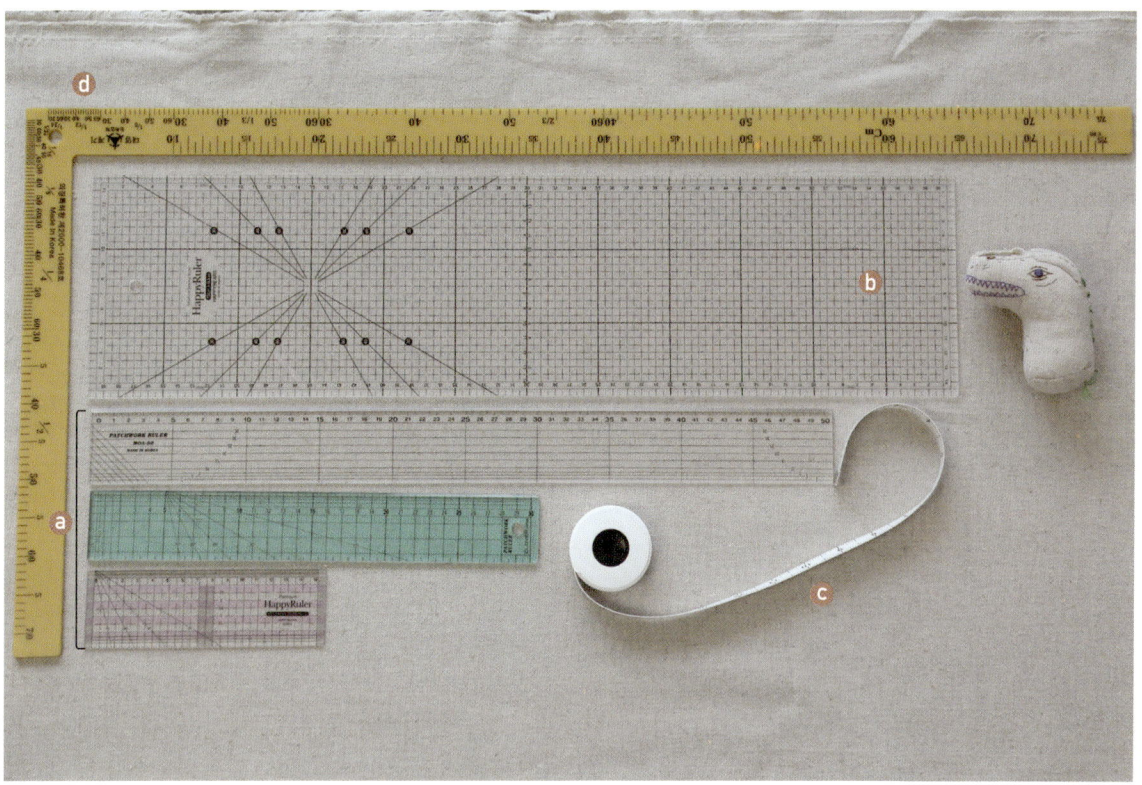

ⓐ 시접자 : 시접이 표시되어 있어 바느질할 때 유용합니다. 일반 자와는 달리 0.3cm, 0.7cm 등 간격
  이 표시되어 있습니다. 다양한 길이의 시접자가 있는데 인형 브로치처럼 작은 소품을 만들 때는
  15cm로 충분합니다.

ⓑ 커팅 자 : 원단을 자를 때 사용하는 원형자로 두께감이 있어서 안전하고 효율적입니다.

ⓒ 줄자 : 곡선이나 긴 원단의 길이를 잴 때 주로 사용합니다.

ⓓ 직각자 : 원단을 재단할 때 수직을 맞출 수 있어서 편리합니다.

7. 다리미

원단을 다릴 때는 스팀 다리미가 유용합니다. 워싱 가공이 되지 않은 원단을 처음 사용할 때는 재단하기 전에 1시간가량 물에 담가두었다가 천을 꾹꾹 눌러 물기를 제거하고 완전히 건조되기 전에 다림질해서 올을 바로 잡아줍니다. 워싱 가공이 된 원단은 원단 안쪽 면에 분무기로 물을 뿌리거나 스팀 다리미로 올을 바로잡는 것이 좋습니다. 또한 패브릭용 물감을 원단 위에 사용한 경우 다림질로 열을 가해 물감이 원단에 고착되도록 합니다.

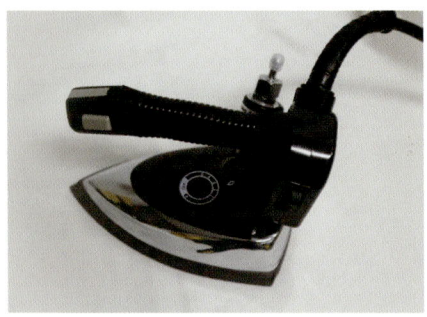

참고 • 워싱(washing) : 원단의 불순물을 없애고 수축과 물 빠짐 등을 최소화하기 위해 미리 세탁하는 과정을 말합니다. 워싱 가공이 된 원단은 '워싱' 표시가 되어 있어서 쉽게 구별할 수 있답니다.

●
인형 브로치 재료와 도구   8. 브로치 핀과 접착제

ⓐ 다양한 브로치 핀 : 알맞은 형태와 크기를 선택해 브로치 뒷면에 붙입니다.

참고 • 브로치 핀 붙이기 046쪽

ⓑ 무독성 본드 : 브로치 핀을 헝겊에 붙이는 데 사용하거나 털실을 인형 머리에 붙일 때 사용합니다.

ⓒ 글루건 : 가열하여 녹인 글루로 브로치 핀을 헝겊에 붙이는 데 사용합니다.

ⓓ 수예용 접착제 : 패브릭에 단추나 비즈, 털실, 리본 등을 붙일 때 사용합니다. 한번 붙으면 잘 떨어지지 않으므로 붙일 위치를 꼼꼼히 확인해야 합니다.

ⓔ 패브릭용 본드풀 : 딱풀과 같은 형태로 재봉 전에 시접을 접어 임시 고정할 때 매우 편리합니다. 수용성으로 세탁 후에는 끈기가 거의 사라집니다.

ⓕ 올 풀림 방지액 : 섬유의 올이 풀리지 않게 끝단에 발라줍니다. 리본, 털실 등의 끝부분이나 자수를 놓을 원단 끝에 발라주면 올이 풀릴 염려 없이 깔끔하게 작업할 수 있습니다. 작은 인형 옷은 오버록이나 말아박기를 하기 힘든데, 이런 경우 원단 끝에 발라주면 올이 풀리지 않아서 편리합니다.

9. 털실과 양모

털실과 양모는 인형의 머리카락을 표현하기에 좋은 재료들입니다. 같은 얼굴이라도 어떤 느낌과 색의 털실 혹은 양모를 사용하느냐에 따라 느낌이 달라집니다. 여러 재료와 색을 머리에 대보고 캐릭터에 맞게 선택합니다.

10. 솜

방울솜 : 보통 인형의 몸이나 얼굴 속을 채우는 데 사용하며, 구름솜보다 뭉침이 적습니다.

접착솜 : 퀼팅 솜으로도 불리며 온스가 클수록 두껍습니다. 소품에는 3~4온스가 적합합니다. 접착솜은 오톨도톨한 면을 원단과 맞대고 그 위에 천을 덮은 다음 다리미로 눌러 열을 가하면 원단에 붙습니다.

방울솜   접착솜

11. 초크 페이퍼(먹지), 트레이싱지, 셀로판지

도안의 그림을 원단에 옮겨 그릴 때 사용합니다.

참고 • 브로치 인형의 눈 · 코 · 입 등을 도안대로 옮겨 그리는 것도 좋지만 창의적으로 직접 그려볼 것을 추천합니다. (초크 페이퍼로 도안 옮기기 043쪽)

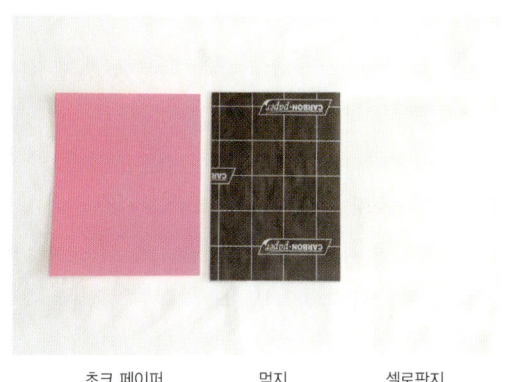

초크 페이퍼   먹지   셀로판지

12. 자수실과 자수틀

자수실 : 여러 종류가 있지만 이 책에서는 DMC 25번사와 앵커 25번사를 사용했습니다.
두 종류의 실 모두 면 100퍼센트로 DMC는 프랑스, 앵커(Anchor)는 독일 회사의 제
품입니다. 취향에 따라 원하는 실을 선택하면 됩니다.

실의 라벨에 색상 번호가 적혀 있으니 보빈에 감아 보관할 때 실 번호를 적어두면
나중에 같은 색 실을 구입할 때 유용합니다.

25번사는 가는 실 6올을 느슨하게 꼬아놓은 것인데, 자수를 할 때는 보통 2~3올씩
뽑아서 사용합니다. 실을 너무 길게 자르면 꼬일 수 있으니 50~60cm 길이로 잘라
서 사용합니다.
실의 색상 또한 이 책에 나오는 것을 모두 구입하지 말고 가지고 있는 실을 응용해
보세요.

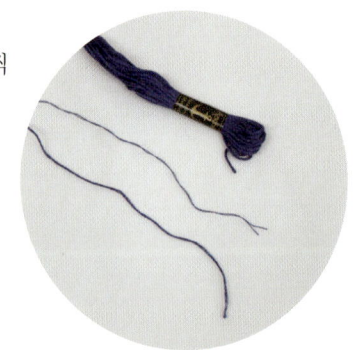

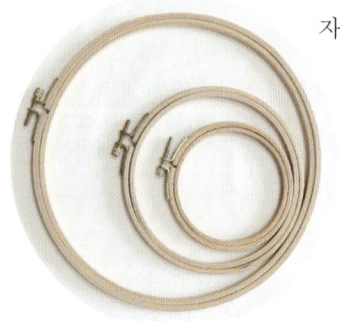

자수틀 : 천을 자수틀에 고정하면 천이 울지 않기 때문에 자수를 하기 쉽습니다. 인형
을 만들 때 솜을 넣은 상태에서 눈 · 코 · 입 등을 수놓을 때는 자수틀이 필요하지
않습니다. 솜을 넣기 전에 미리 자수를 한다면 자수틀이 필요합니다. 브로치 인형
을 만들 때는 지름 15cm 내외의 자수틀로 충분합니다.

●
기타 편리한 도구들

13. 골무

'각시방의 일곱 동무', 즉 규중칠우 중 하나가 바로 골무죠. 골무는 바늘을 미는 손가락을 보호해 주는데, 특히 퀼트(누빔) 작업을 할 때 큰 도움이 된답니다.

참고 • 규중칠우(閨中七友)란 바느질을 할 때 필요한 7가지 물건으로 바늘, 실, 골무, 가위, 자, 인두, 다리미를 말합니다.

14. 바느질 도구함과 반짇고리

바느질에 사용되는 여러 작은 도구들을 한꺼번에 모아서 정리할 수 있어 편리합니다.

15. 패브릭용 마커와 패브릭용 물감

인형 머리카락을 칠하거나 볼터치, 옷에 무늬를 넣을 때 등 다양하게 사용됩니다. 보통 패브릭용 마커는 사용 후 별도의 뒤처리를 하지 않아도 되지만, 패브릭용 물감은 자연 건조 후 다림질로 열처리를 해주어야 합니다. 각각의 사용법을 잘 살펴본 다음 작업하세요.

16. 비즈, 단추, 레이스

바느질에 꼭 필요한 재료는 아니지만 인형을 더욱 예쁘고 재미있게 꾸밀 수 있는 재료들입니다. 헌 옷에서 떼어내 모아둔 오래된 단추들과 작은 비즈 조각, 레이스로 인형과 소품을 더욱 예쁘게 꾸며 보세요.

이 책에 사용된 **기초 바느질 알아보기**

가장 기본적인 홈질, 박음질, 공그르기 3가지만 익히면 어떤 인형이든 만들 수 있어요.

1. 홈질

홈질은 천 2장을 포개어 이을 때 사용하는 바느질로 바늘땀이 일정한 간격을 이룹니다. 보통은 천에 주름이 생기지 않도록 펴면서 바느질하지만, 홈질을 한 후 실을 당겨 주름을 만들기도 합니다.

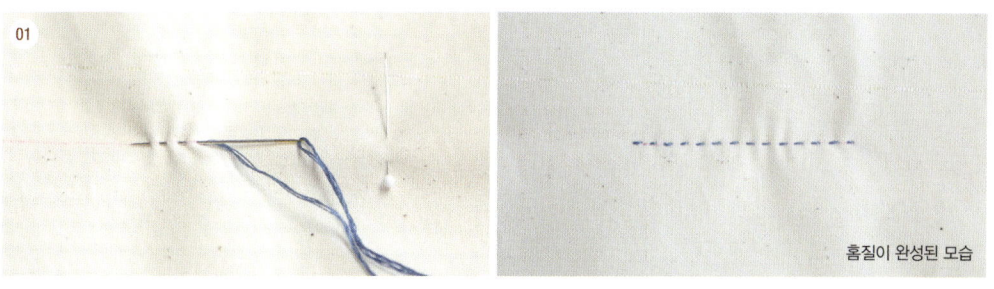

홈질이 완성된 모습

01 바늘을 원단 아래에서 위로 뺀 다음 2~3mm 간격으로 한 번에 3~4땀씩 고르게 바느질합니다.

2. 공그르기

공그르기는 바늘땀이 보이지 않게 원단을 잇는 바느질로 인형에 솜을 넣고 창구멍을 막을 때 사용합니다.

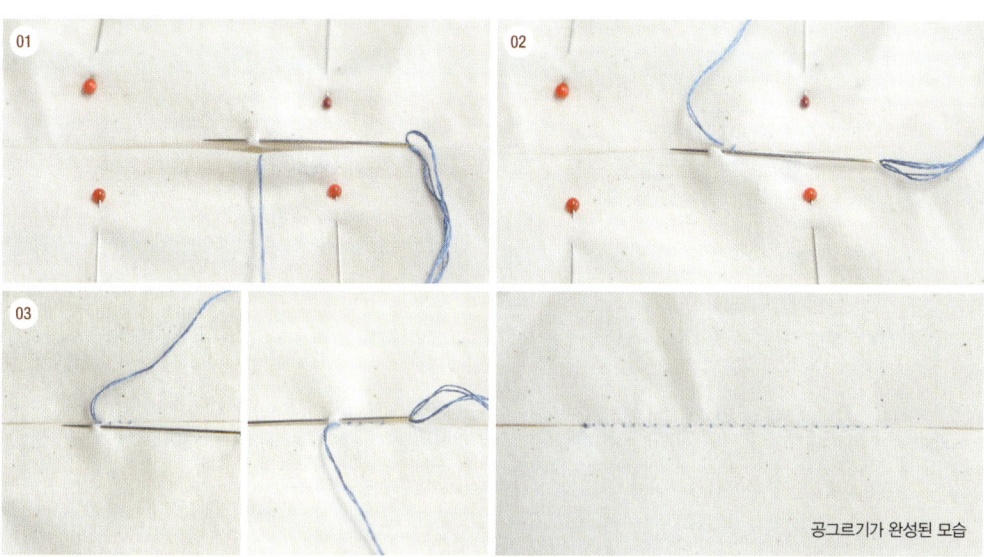

공그르기가 완성된 모습

01 아래 원단으로 바늘을 빼고 수직으로 바로 위 다른 원단을 한 땀 뜹니다.

02 그대로 수직으로 내려와 아래 원단을 한 땀 뜹니다.

03 위 원단 한 땀, 아래 원단 한 땀을 계속 뜹니다.

3. 박음질

박음질 역시 천 2장을 포개어 이을 때 주로 사용하는 바느질로 두 번 겹치게 얽기 때문에 홈질보다 더 튼튼하게 꿰매는 방법입니다. 시작점보다 한 땀 뒤로 바늘을 꽂고 시작점보다 한 땀 앞으로 바늘을 빼서 시작점에 다시 꽂는 과정을 반복합니다.

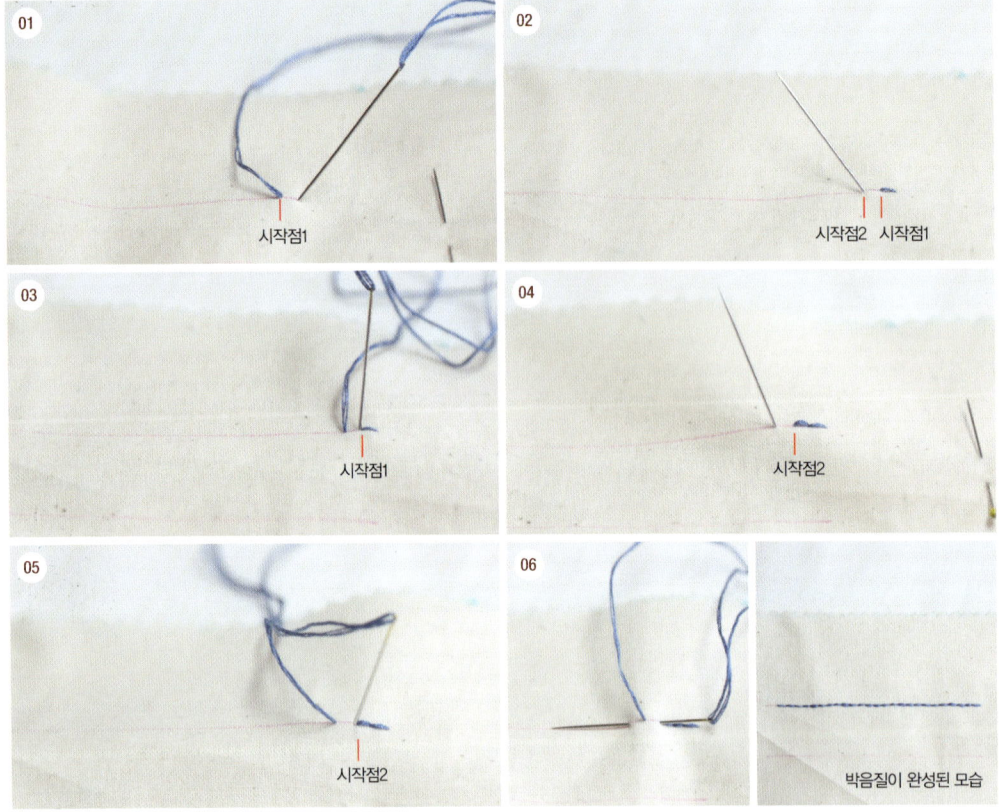

01 바늘을 원단 아래에서 위로 빼고(시작점1), 바느질 방향의 반대쪽으로 한 땀 간격을 두고 바늘을 꽂아 원단 아래로 당깁니다.

02 '시작점1'보다 앞쪽으로 한 땀 간격을 두고 바늘을 꽂아(시작점2) 원단 위로 당깁니다.

03 바늘을 다시 01의 '시작점1'에 꽂아 원단 아래로 당깁니다.

04 02와 마찬가지로 '시작점2'보다 앞쪽으로 한 땀 간격을 두고 바늘을 꽂아 원단 위로 당깁니다.

05 바늘을 그 전에 뽑은 '시작점2'에 꽂습니다.

06 한 땀씩 되돌아 꽂고, 앞으로 한 땀 간격을 두고 빼기를 반복하면 박음질이 완성됩니다.

참고 • 반박음질 : 박음질과 같은 방법으로 하되, 앞으로 뜰 때는 한 땀 간격, 뒤로는 반 땀 간격으로 뜨는 바느질입니다. 겉모습은 홈질과 같지만 박음질처럼 튼튼하게 꿰매는 방법입니다. 하지만 가장 튼튼한 바느질은 박음질이에요.

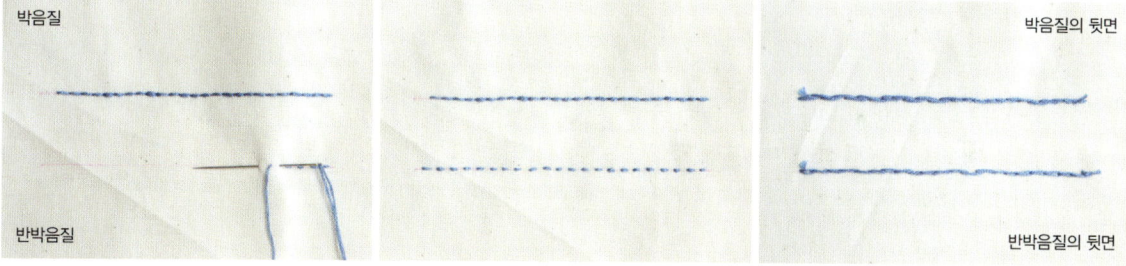

이 책에 사용된 **기본 스티치 알아보기**

기본 바느질로 인형을 만든 다음 몇 가지 자수 스티치를 익히면 인형을 예쁘게 꾸밀 수 있습니다. 특히 눈·코·입을 수놓는 데 아주 유용해요. 쉽게 볼 수 있도록 사진과 동영상을 준비했으니 따라 해보세요.

1. 스트레이트 스티치

직선으로 수놓는 방법으로 싱글 스티치라고도 합니다. 방사형으로 직선을 그린 도안에 스트레이트 스티치를 해볼게요.

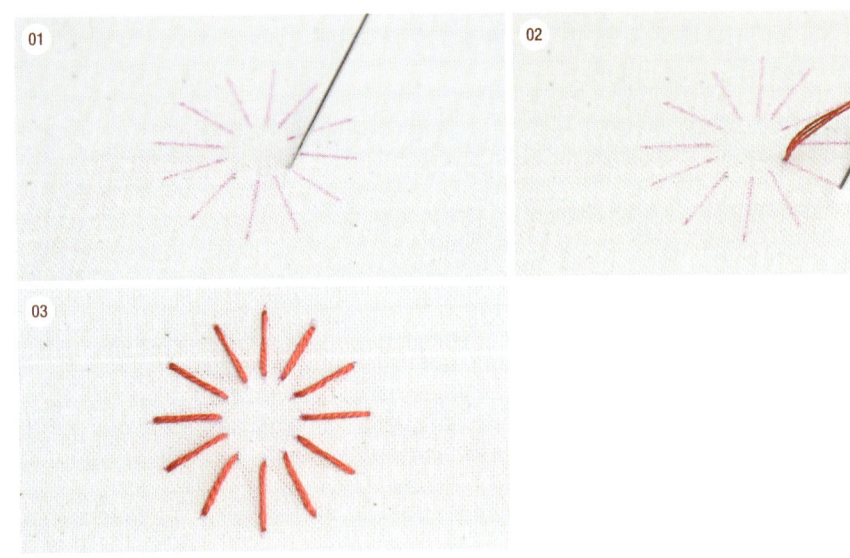

01 직선 하나를 골라 시작점으로 바늘을 뺍니다.

02 원하는 간격에 바늘을 꽂고 자수틀 밑으로 잡아당깁니다.

03 01~02를 반복하면 방사형으로 스트레이트 스티치를 완성할 수 있답니다.

2. 러닝 스티치

홈질처럼 겉과 안의 바늘땀 간격이 같은 자수 방법입니다. 일정한 간격으로 바늘을 원단 위에서 아래로, 아래에서 위로 반복하는 스티치입니다.

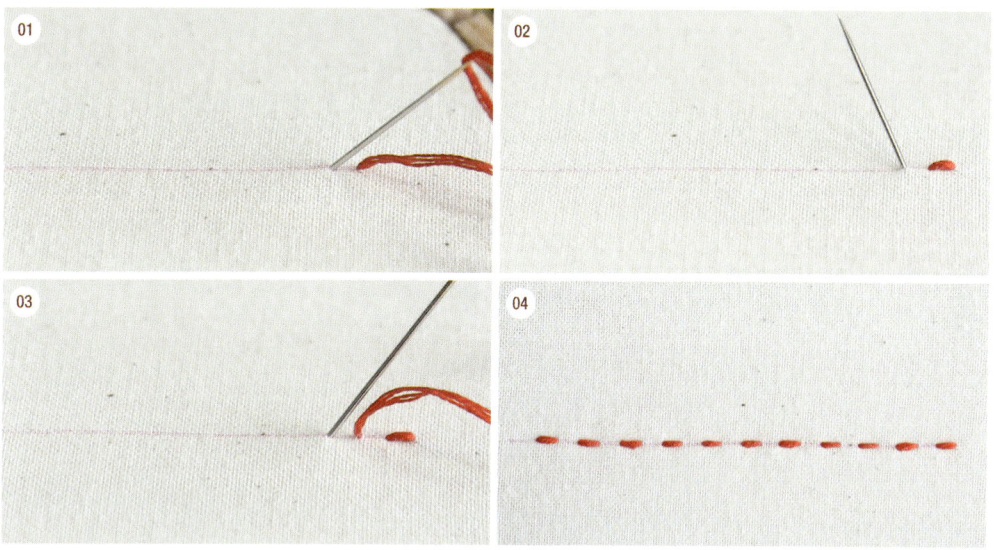

01 원단 아래에서 위로 바늘을 빼고 2~3mm 간격 앞으로 바늘을 꽂습니다.

02 다시 같은 간격 앞으로 바늘을 빼냅니다.

03 다시 같은 간격 앞으로 바늘을 꽂습니다.

04 01~03 과정을 반복해 러닝 스티치를 완성합니다.

3. 백 스티치

박음질과 같은 자수 방법입니다. 원단 위에서는 일정한 간격으로 한 땀씩 뜨면서 원단 아래에서는 바로 전 단계 시작점으로 되돌아가 바늘을 꽂으면서 수놓는 것입니다.

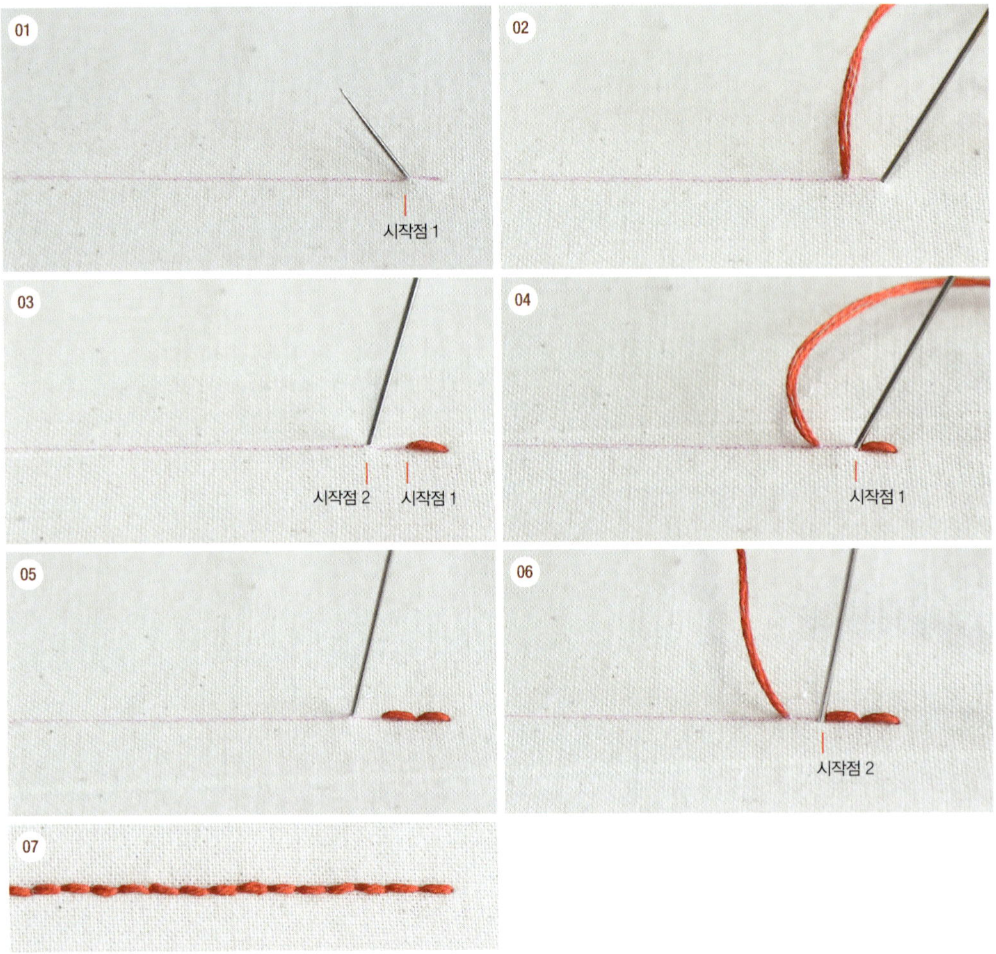

01	02
03	04
05	06
07	

01 바늘을 원단 아래에서 위로 빼냅니다(시작점1).

02 바늘을 '시작점1'보다 한 땀 뒤로 꽂아 원단 아래로 당깁니다.

03 다시 바늘을 '시작점1'보다 한 땀 간격 앞으로(시작점2) 빼냅니다.

04 바늘을 다시 '시작점1'로 꽂아 원단 아래로 당깁니다.

05 02와 마찬가지로 바늘을 다시 '시작점2'보다 한 땀 간격 앞으로 빼냅니다.

06 바늘을 다시 '시작점2'로 꽂아 원단 아래로 당깁니다.

07 원단 아래에서는 그 전 땀으로 한 땀씩 되돌아 꽂고, 원단 위에서는 한 땀 간격을 두고 앞으로 빼기를 반복해 백 스티치를 완성합니다.

4. 새틴 스티치

면을 메우는 자수 기법으로 먼저 가장자리를 백 스티치한 다음 가운데 면을 촘촘히 메워나가면 더 깔끔하고 입체감 있게 수놓을 수 있답니다.

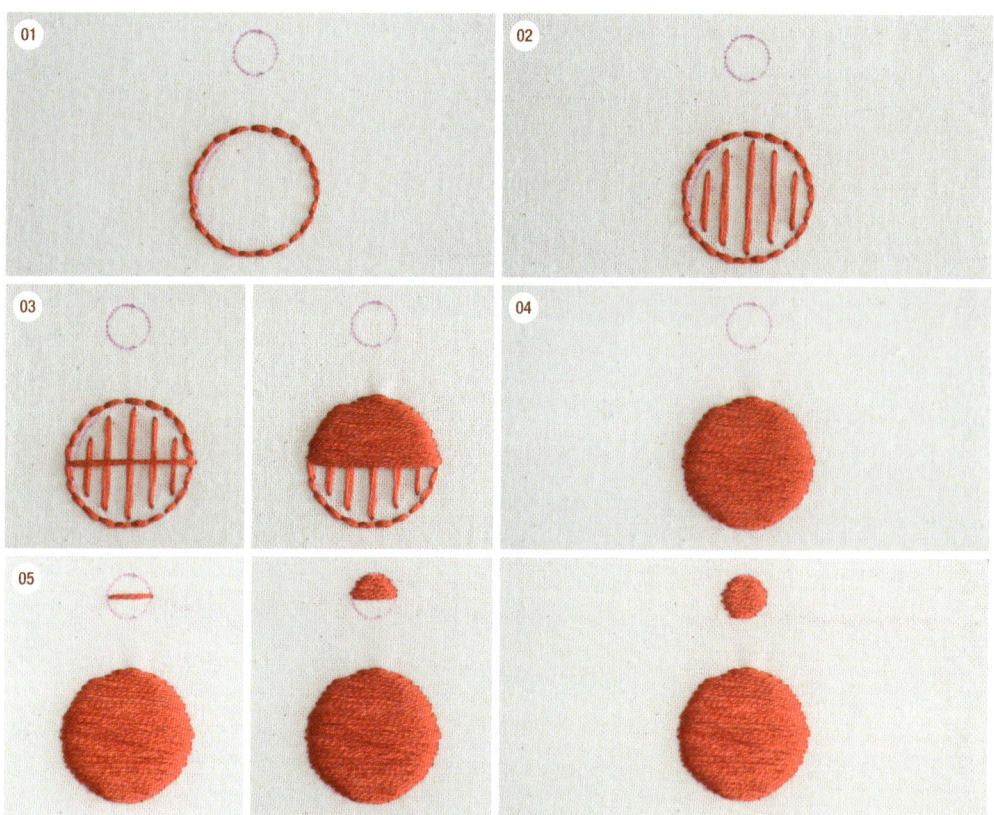

01 메우고자 하는 면의 가장자리를 백 스티치합니다.

02 메우고자 하는 방향의 반대쪽으로 듬성듬성 수놓습니다.

03 중앙부터 시작해서 가장자리로 수놓으면서 메워갑니다.

04 다시 중앙으로 돌아와 나머지 면도 메웁니다.

05 가장자리를 백 스티치하지 않고 바로 새틴 스티치할 경우에도 중앙부터 자수를 시작하면 균형 있게 면을 메울 수 있답니다.

5. 프렌치 노트 스티치

바늘에 실을 2~3회 감아 빼내서 작은 씨앗 같은 매듭을 만드는 자수 기법입니다. 꽃술이나 인형의 작은
눈, 주근깨 등을 표현할 때 좋습니다.

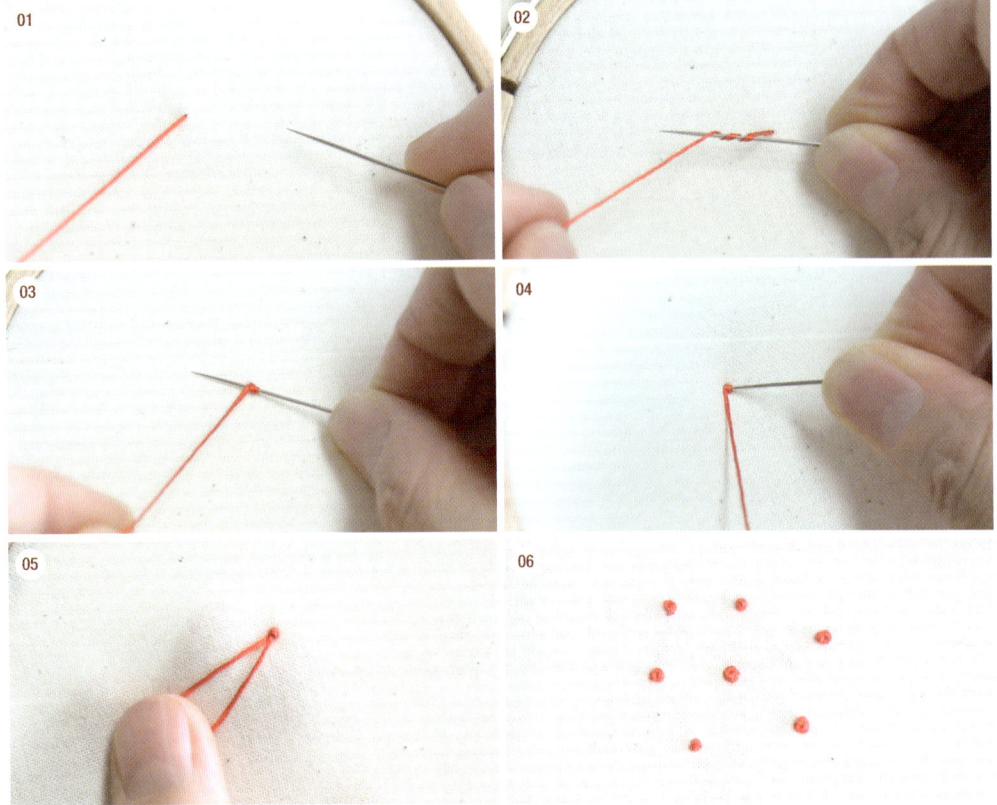

01 바늘을 원단 아래에서 위로 빼냅니다.

02 한 손으로 바늘을 잡고 다른 손으로 실을 바늘에 2~4회 감아줍니다. 이때 실의 두께나 감는 횟수에 따
라 점의 크기가 달라집니다.

03 실을 당겨서 바늘이 원단에 닿게 합니다.

04 실을 당긴 상태로 바늘을 원단에 꽂습니다.

05 한 손으로 실을 누르고 원단 아래로 실을 천천히 당깁니다.

06 실의 굵기가 같아도 감는 횟수에 따라 점의 크기가 달라진 모습입니다.

초크 페이퍼로 도안 옮기기

인형을 만들거나 자수를 하려면 먼저 도안을 원단에 옮겨 그려야 합니다. 가장 많이 사용하는 방법은 초크 페이퍼나 먹지를 이용해서 도안을 그리는 것입니다.

🧵 준비물 : 도안, 원단, 초크 페이퍼(또는 먹지), 투명 셀로판지, 철필 (볼펜 등)

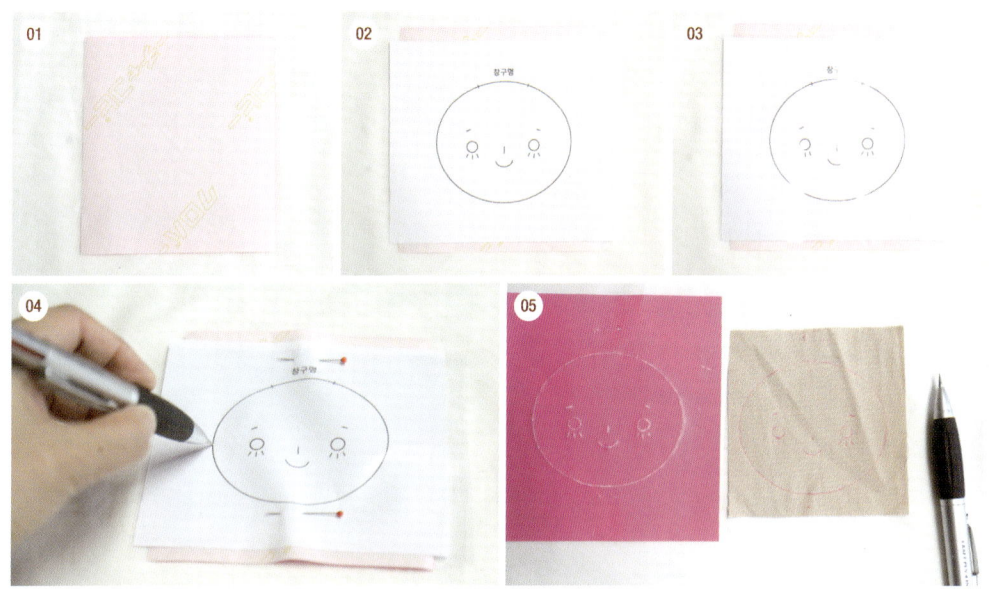

01 도안을 그리고자 하는 원단을 펼친 다음 초크가 묻은 쪽을 원단에 맞대고 초크 페이퍼를 올립니다.

02 01에 도안을 올립니다.

03 02에 투명 셀로판지를 올립니다.

> **참고** • 셀로판지는 도안을 보호하기 위한 용도입니다. 하지만 셀로판지나 도안이 너무 두꺼우면 철필을 꾹 눌러 그려도 초크가 잘 묻어나지 않습니다. 도안을 복사해서 사용한다면 이 과정은 생략해도 됩니다.

04 도안이 움직이지 않게 고정한 후 철필로 선을 따라 그립니다.

05 원단에 도안이 옮겨진 모습입니다.

> **참고** • 어두운 색 원단에는 흰색 초크 페이퍼를 사용합니다.

형지 만들기

실물 도안 그대로는 오래 사용할 수 없기 때문에 형지를 만들어서 사용합니다. 이 책에 수록된 실물 도안도 다음 과정을 참고해 형지를 만들어두면 오래 사용할 수 있답니다.

1. 복사 후 두꺼운 종이에 붙여서 사용하기

가장 보편적인 방법으로 복사한 도안을 두꺼운 종이에 붙여서 사용하는 것입니다. 단, 오래 사용하면 종이 끝이 갈라지거나 구겨지는 단점이 있답니다.

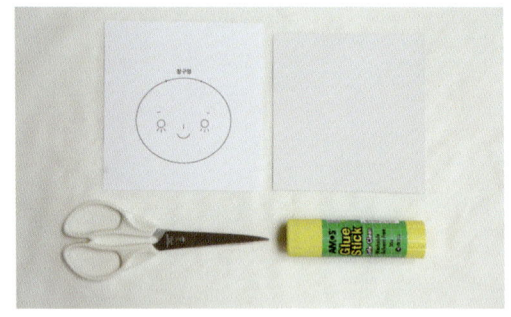

🧵 준비물 : 도안 복사본, 두꺼운 종이(도화지), 풀, 문구용 가위

01 두꺼운 종이의 한 면에 풀을 바릅니다.

02 풀을 바른 면에 복사한 도안을 붙입니다.

03 풀이 마르면 완성선을 따라 가위로 자릅니다.

04 원단에 03의 형지를 대고 완성선을 따라 수성펜 등으로 그립니다.

2. 방안 시트지로 만들기

투명하고 단단한 플라스틱 방안 시트지는 모눈이 그려져 있어
서 편리합니다. 하지만 시중에서 구하기 쉽지 않고 전문점이나
온라인에서만 판매하는 데다 가격이 비싸다는 단점이 있습니
다. 방안 시트지 대신 OHP 필름이나 투명한 파일 등을 이용해도
된답니다.

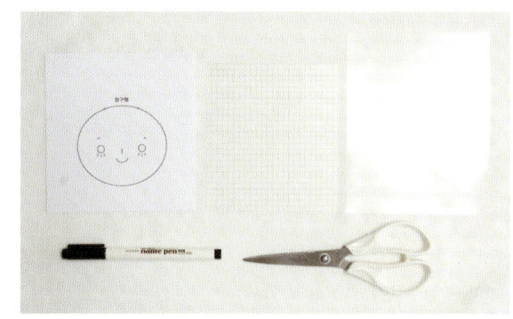

🏺 준비물 : 실물 도안이나 복사본, 방안 시트지(또는 OHP 필름), 유
성펜, 문구용 가위

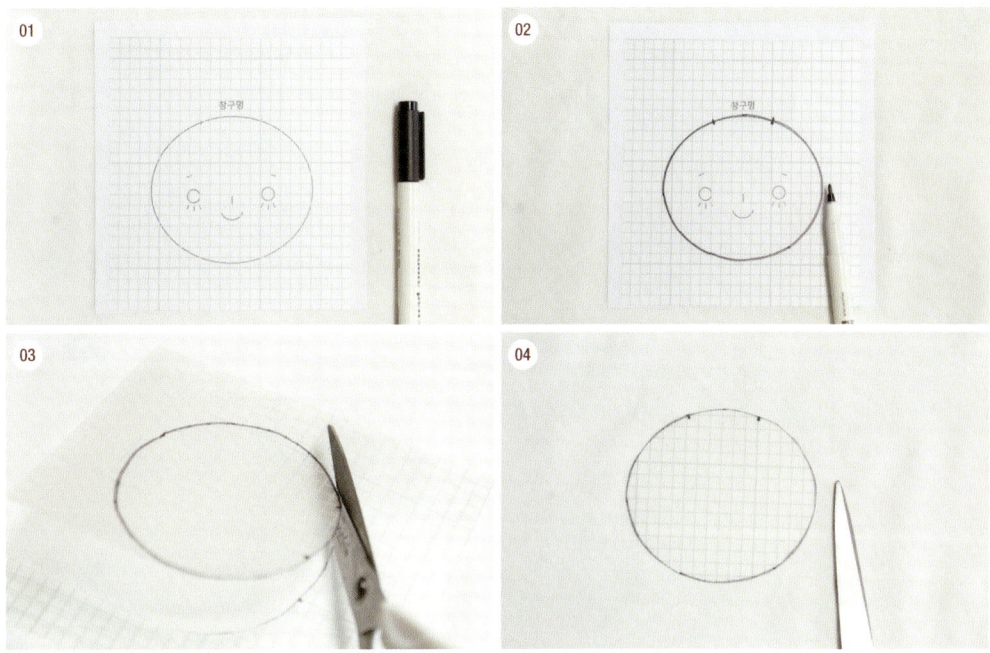

01 도안 위에 방안 시트지를 올립니다.

02 유성펜으로 완성선을 따라 그립니다. 이때 창구멍 위치도 표시합니다.

03 완성선을 따라 가위로 자릅니다.

04 03의 형지를 원단에 올리고 완성선을 따라 도안을 그립니다.

참고 • 형지가 많아지면 어떤 인형의 도안인지 혼동될 수 있으므로 그때그때 적어두면 편리합니다.

브로치 핀 붙이기

1. 접착제로 붙이기

뒷면이 평평하면 브로치 핀을 정중앙에 붙이면 됩니다. 하지만 솜이 들어간 인형 브로치는 뒷면이 둥그렇기 때문에 핀을 중앙보다 살짝 위쪽에 붙여야 브로치를 달았을 때 모양이 예쁘게 보입니다.

🧵 준비물 : 완성된 인형, 브로치 핀, 무독성 본드(또는 글루건)

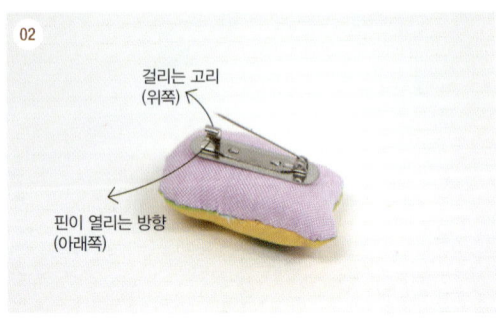

01 완성된 브로치 모양에 맞게 길거나 동그란 브로치 핀을 고르는데, 브로치보다 작아야 합니다. 무독성 본드나 글루건 등의 접착제를 준비합니다.

02 브로치 핀을 부착할 때는 핀이 열리는 방향을 고려해야 합니다. 특히 가로 핀의 경우 고리가 위쪽으로 가고 핀이 아래쪽으로 열려야 합니다. 핀이 열리는 방향을 고려해 자리를 잡은 후 접착제를 묻히고 꾹 눌러 고정합니다. 본드는 굳어서 붙기까지 시간이 걸리니 천천히 꾹 눌러줍니다.

참고 • 글루나 본드의 양이 너무 많으면 브로치 핀 밖으로 새어 나오니 적당량을 사용합니다.

03 다양한 모양의 브로치 핀입니다.

2. 실로 꿰매어 부착하기

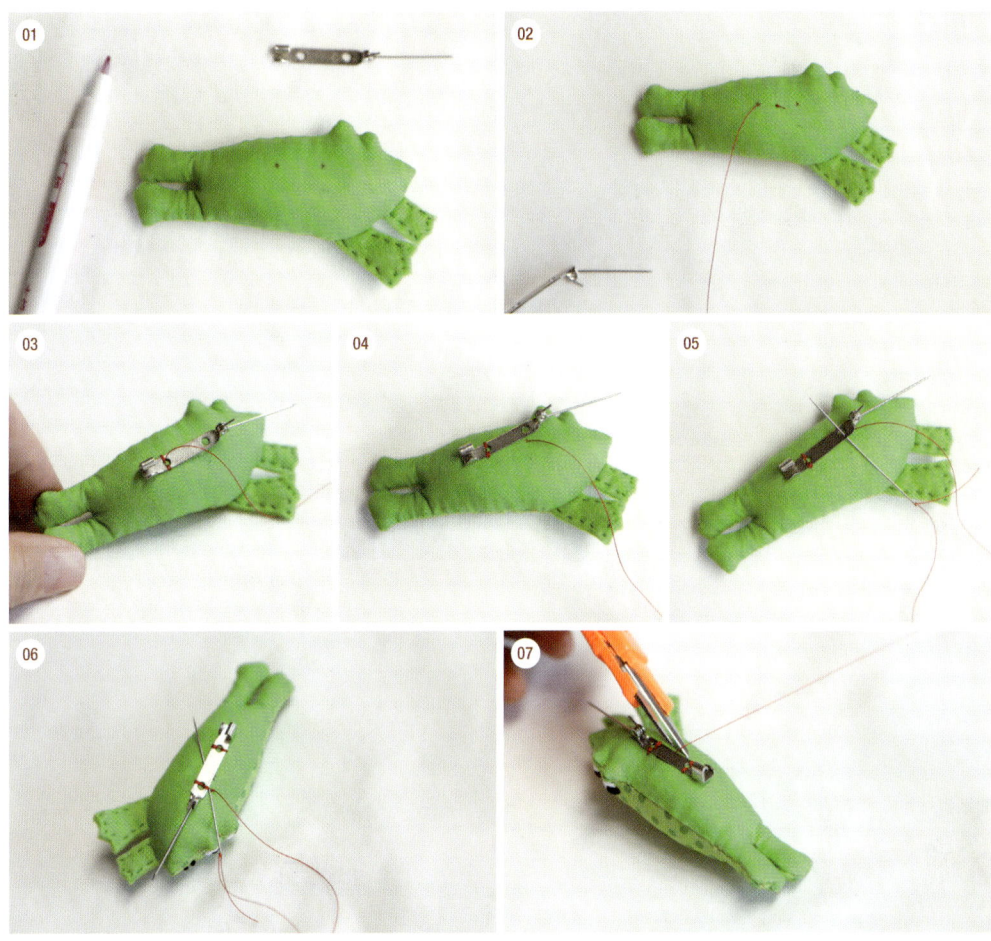

01 브로치 뒷면에 핀을 올리고 구멍에 수성펜으로 점을 찍어 표시합니다.

02 01에서 찍은 두 점 중앙에 바늘을 넣고 01에서 찍은 한 점으로 바늘을 빼냅니다.

03 구멍 위아래로 실을 감듯이 3~4회 꿰매어 핀을 고정합니다.

04 나머지 한 점으로 바늘을 빼냅니다.

05 03과 같이 구멍의 위아래로 3~4회 감아 꿰매어 핀을 고정합니다.

06 양쪽 구멍을 모두 고정하고 나서 구멍 바로 옆에 매듭을 짓고, 매듭 바로 옆으로 바늘을 넣어서 핀 아래쪽 원단으로 빼냅니다.

07 실을 바짝 당겨서 잘라줍니다.

매듭 숨기기

바느질을 처음 시작할 때는 인형에 수를 놓거나 공그르기를 하고 나서 매듭을 어떻게 처리해야 할지 모르는 경우가 많습니다. 브로치 인형에 수를 놓은 다음 매듭을 지은 후 보이지 않게 처리하는 방법을 알아봅니다.

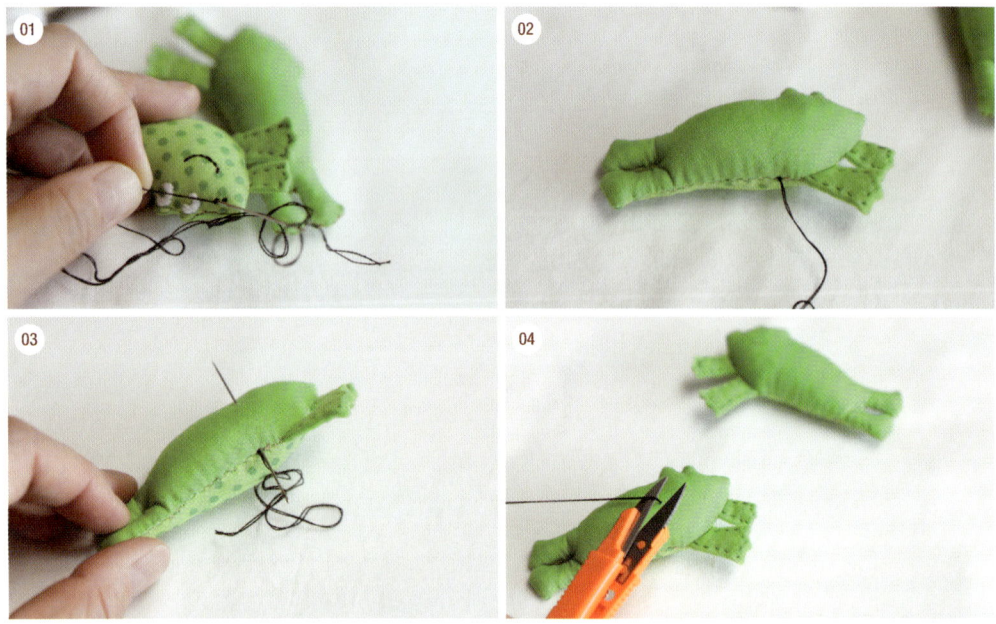

01 수놓기가 끝난 인형 브로치를 준비합니다.

02 바늘을 인형 옆선의 바늘땀 사이로 빼고 그 자리에 매듭을 짓습니다.

03 02에서 매듭을 지은 구멍으로 다시 바늘을 넣고 다른 곳으로 빼냅니다.

04 03에서 지은 매듭이 브로치 속으로 쏙 들어갈 수 있도록 실을 당겨서 잘라내면 매듭과 실이 보이지 않습니다.

참고 • 인형에 솜을 넣고 공그르기로 창구멍을 막을 때도 마지막에 매듭을 짓고 나서 2~4의 방법으로 매듭을 숨깁니다.

볼터치 하기

인형 얼굴에 발갛게 볼터치를 하면 훨씬 더 귀엽고 생동감 있게 느껴집니다. 볼터치는 다양한 재료로 표현할 수 있습니다. 인형 볼터치용 색연필도 있지만 흔히 사용하는 것은 유성 색연필입니다. 패브릭용 마커, 패브릭용 물감 등으로 그리거나, 재료를 구하기 힘들다면 화장품 블러셔를 사용해도 됩니다.

1. 색연필

분홍색이나 주황색, 다홍색 유성 색연필을 연하게 칠한 다음 손가락이나 면봉으로 살살 문질러 자연스럽게 번지도록 합니다. 여러 색을 혼합해 덧칠할 수 있어요.

2. 블러셔

화장품 블러셔를 면봉에 살짝 묻혀 인형 볼에 살살 문지릅니다.

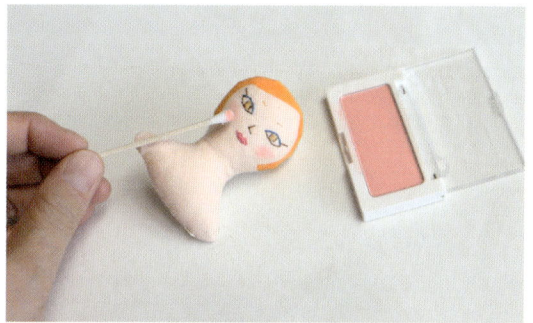

3. 패브릭용 마커

패브릭용 마커는 한번 칠하면 지우기 힘드니 신중하게 테스트한 다음 사용합니다.

참고 • 블러셔로 표현한 볼에 살짝 터치감을 줄 때 사용하기 좋습니다.

4. 패브릭용 물감

패브릭용 물감은 여러 색을 혼합하여 원하는 색을 만들고 얇은 붓으로 살짝 칠합니다. 물감 역시 한번 칠하면 지우기 힘듭니다. 수성펜으로 미리 볼터치 위치와 크기를 표시하고 다른 원단에 테스트를 해본 다음 사용합니다.

양모로 머리카락 만들기

털실과 양모는 인형 머리카락을 표현하기에 좋은 재료들입니다. 같은 얼굴이라도 어떤 종류와 색을 사용하느냐에 따라 느낌이 많이 달라집니다. 특별히 부드러운 느낌이나 따뜻한 느낌을 주고 싶다면 양모를 활용해 보세요. 훨씬 푸근한 느낌의 인형을 만들 수 있어요.

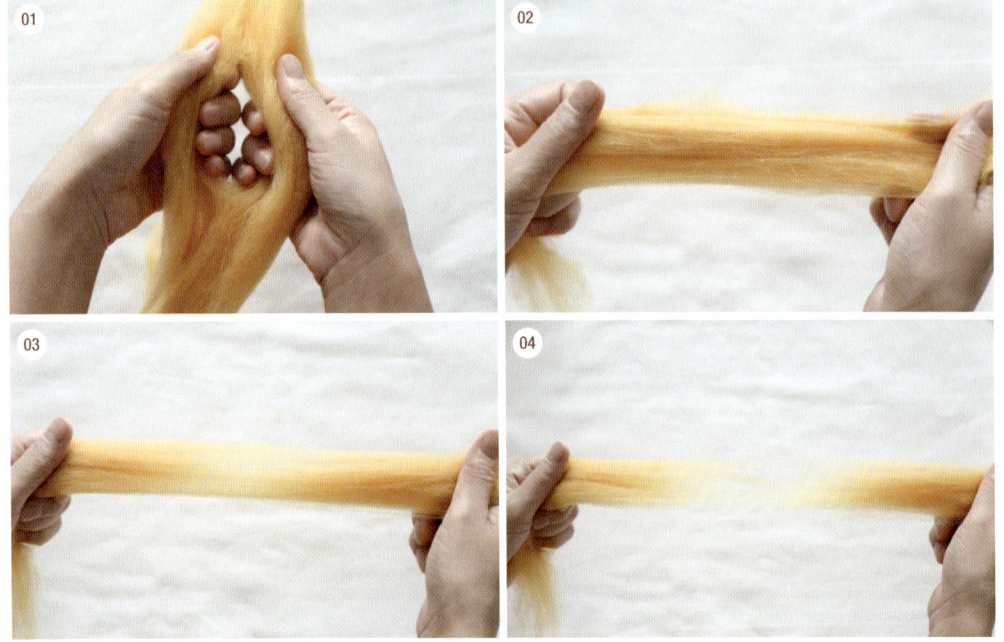

01 덩어리 상태의 양모를 사용할 양만큼 세로 방향으로 가릅니다.

02 가른 양모를 가로 방향으로 잡습니다.

03 양손의 힘을 빼고 천천히 잡아당깁니다.

04 양모가 자연스럽게 나뉩니다.

기본 용어 알아보기

- 식서 : 원단에서 올이 풀리지 않는 가장자리 부분을 말합니다.
- 식서 방향 : 원단의 식서와 같은 세로 올 방향을 말합니다. 보통 그림의 화살표 방향입니다.
- 원단의 겉과 안 : 원단의 식서에는 작은 구멍들이 나 있는데, 보통은 구멍이 위로 올라온 쪽이 원단의 겉면입니다.
- 솔기 : 원단과 원단을 이어 바느질했을 때 생기는 선을 말합니다.
- 시접 : 바느질한 솔기가 안으로 접혀 들어간 부분을 말합니다.
- 가름솔 : 솔기를 중심으로 시접을 양쪽으로 가른 솔기를 말합니다.
- 실물 패턴, 실물 본 : 완성될 작품의 실제 크기 도안을 말합니다.
- 형지 : 도안을 여러 번 사용하기 위해 실물 본을 대고 만든 플라스틱이나 두꺼운 종이를 말합니다. 원단에 형지를 대고 도안을 그리면 편리합니다.

참고 • 형지 만들기 044쪽

▲ 원단의 겉면

- 창구멍 : 바느질을 하고 나서 뒤집기 위해 남기는 구멍을 말합니다. 인형을 만들 때는 창구멍으로 솜을 넣어줍니다.
- 재단 : 원단을 치수에 맞게 재거나 자르는 것을 말합니다. 이 책에서는 가위로 원단을 자르는 것을 말합니다.
- 가윗밥 : 원단 끝을 가위로 살짝 베어낸 것을 말합니다. 인형을 만들 때 완성선을 따라 박음질하고 나서 뒤집기 전에 곡선 부위에 가윗밥을 넣어주어야 뒤집었을 때 예쁜 모양이 됩니다.
- 다트 : 원단을 입체적으로 만들기 위해 일정 부분을 접어 박는 것을 말합니다.
- 완성선 : 바느질하는 선을 말합니다.
- 문접기 방식 : 종이접기에서 사용하는 용어로 그림과 같이 원단의 중앙선에 맞닿게 양쪽 끝을 1/4 간격으로 접은 모양을 말합니다.

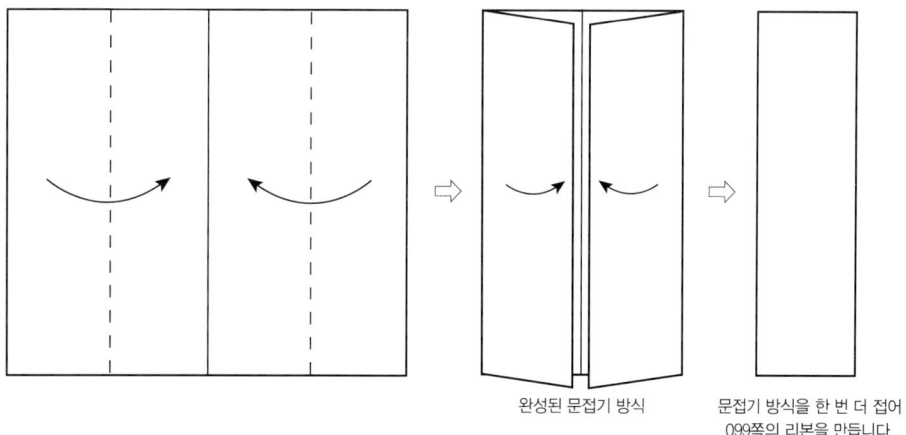

완성된 문접기 방식

문접기 방식을 한 번 더 접어
099쪽의 리본을 만듭니다.

1

인물 인형 브로치 만들기

꼼지락 손으로 바느질해서 만든 인형의 얼굴은 더욱 사랑스러워요.

곱슬머리, 길게 땋은 머리, 짧은 단발머리,

안경 쓴 소녀, 화난 얼굴, 웃는 얼굴, 수염난 할아버지까지

다양한 얼굴의 인물 인형 브로치를 만들어볼 수 있습니다.

눈 · 코 · 입은 수를 놓거나 패브릭용 마커와 패브릭용 물감 등으로 직접 그릴 수도 있답니다.

아이의 얼굴이나 가족, 친구의 얼굴을 상상하며

더욱 특별한 인물 인형 브로치를 만들어보세요.

뽀글뽀글 곱슬머리 소녀, 조이

어릴 때 머리칼이 유난히 곱슬곱슬한 친구가 있었어요. 말괄량이였던 나에게 항상 들릴 듯
말 듯한 목소리로 이야기하며 살며시 웃던 그 친구가 가끔은 보고 싶답니다. 조이는 조용
히 앉아 시를 즐겨 읽는 소녀랍니다.

🧵 준비물

얼굴	살구색 면 원단(10cm×10cm) 2장
헤어	곱슬거리는 느낌의 털실(링구사, 루프사 등)
	(12cm×5cm)
그 외	방울솜 약간, 자수실 2색(갈색, 분홍색),
	브로치 핀(길이 3cm 이하)

✂️ 도안   ## 🪡 스티치

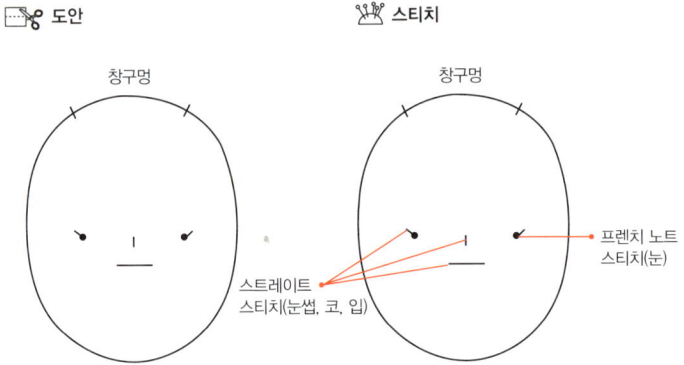

창구멍   창구멍

스트레이트
스티치(눈썹, 코, 입)

프렌치 노트
스티치(눈)

 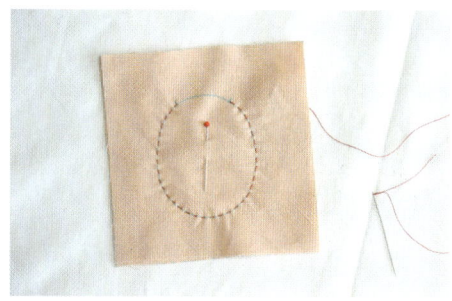

01 살구색 원단 한 장을 준비합니다. 원단 안쪽 면에 얼굴 도안을 올리고 수성펜으로 완성선을 따라 그립니다.

02 01의 원단 겉면과 나머지 살구색 원단의 겉 면을 맞대고 시침 핀으로 고정한 다음 창구멍 을 남기고 2~3mm 간격으로 곱게 홈질합니다.

참고 • 홈질 035쪽, 창구멍 051쪽

03 02의 홈질한 완성선 밖으로 시접을 5mm 남기고 재단한 후 가윗밥을 넣어줍니다.

참고 • 가윗밥, 시접, 재단 051쪽

04 창구멍으로 03을 뒤집어줍니다.

 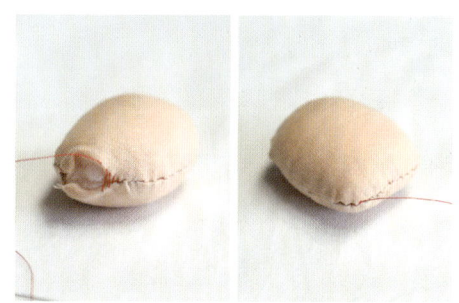

05 04의 속에 방울솜을 적당히 채웁니다.

06 05의 창구멍을 공그르기로 막아줍니다.

참고 • 공그르기 035쪽

07 06에서 완성한 얼굴을 가로로 길게 놓고 그 위에 털실을 가로 방향으로 올립니다.

08 얼굴 세로 길이의 3분의 1 지점을 따라 털 실을 3~4가닥씩 박음질로 고정합니다.

참고 • 오른쪽 3분의 1이 머리, 왼쪽 3분의 2가 얼굴이 됩니다. 박음질 036쪽

09 털실을 위쪽으로 올려서 묶은 모습을 생각 하면서 박음질합니다.

10 07~09의 방법으로 얼굴의 뒷면도 털실을 고정합니다.

11 아래로 내려온 털실을 위로 올립니다.

12 자수실이나 리본 등으로 머리를 단단히 묶 은 후 적당한 길이로 털실을 잘라줍니다.

13 완성된 얼굴에 수성펜으로 자유롭게 눈, 코, 입을 그려줍니다.

14 갈색 수실로 눈을 프렌치 노트 스티치로 수 놓습니다.

참고 • 눈을 크게 표현하고 싶다면 새틴 스티치를 해도 좋습니 다. 프렌치 노트 스티치 042쪽, 새틴 스티치 041쪽

15 코와 입, 눈썹은 스트레이트 스티치로 수놓 습니다.

참고 • 스트레이트 스티치 038쪽

16 유성 색연필이나 블러셔로 볼터치를 표현 합니다.

참고 • 볼터치 하기 049쪽

17 뒷면에 브로치 핀을 바느질로 붙이면 조이 인형 브로치가 완성됩니다.

참고 • 브로치 핀 붙이기 046쪽

양갈래 땋은 머리 소녀, 별이

인형 머리카락으로 가장 많이 사용하는 재료가 털실입니다. 털실을 양갈래로 땋아서 머리를 만들면 무척 귀여운 인형이 된답니다. 민트색 양갈래 머리가 귀여운 별이를 만나보세요.

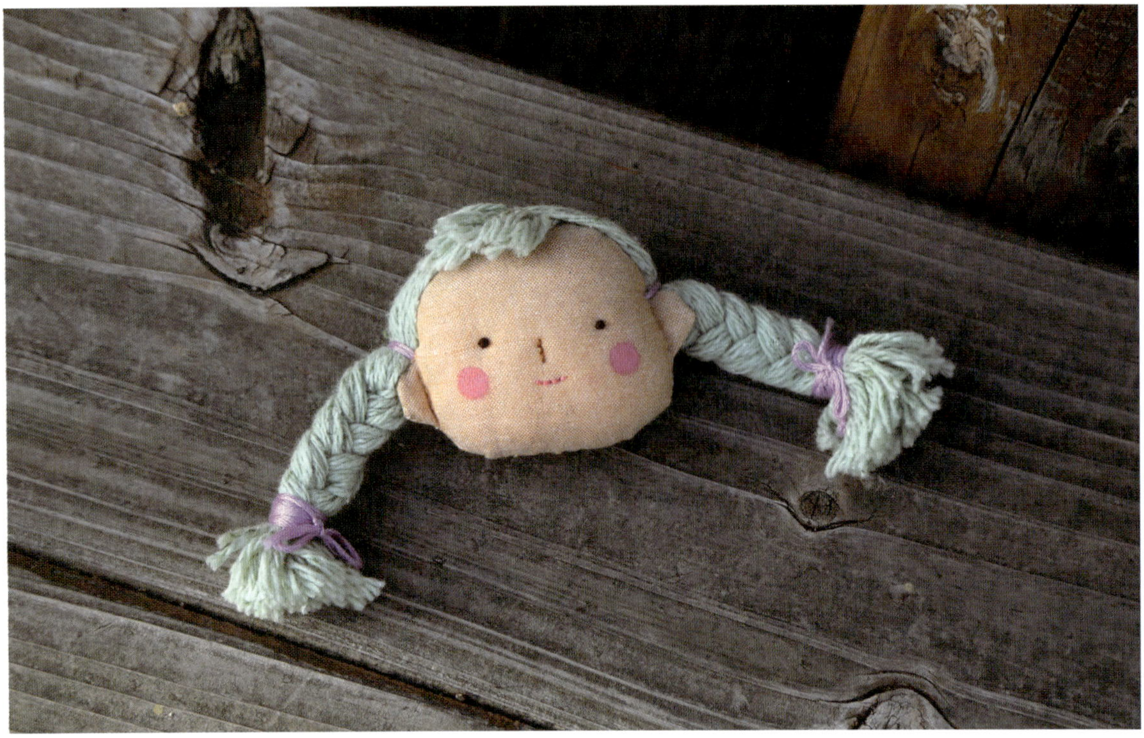

 준비물

얼굴	살구색 면 원단(10cm×10cm) 2장
헤어	민트색 털실
그 외	방울솜 약간, 자수실 3색(보라색, 갈색, 선홍색), 원형 브로치 핀(지름 3cm 이하)

도안

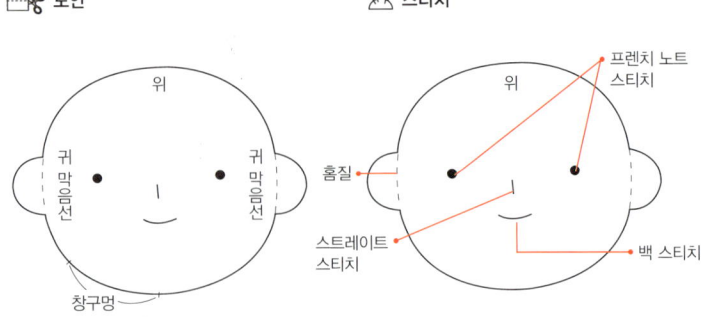

창구멍은 머리 위쪽으로 내도 됩니다.

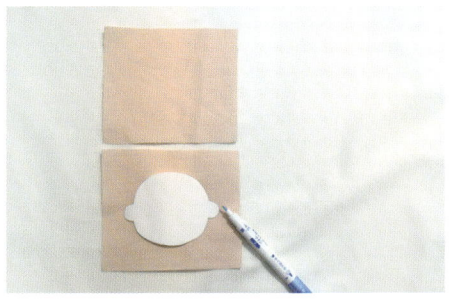

01 살구색 원단 한 장을 준비합니다. 안쪽 면에 얼굴 도안을 올리고 완성선을 따라 그립니다.

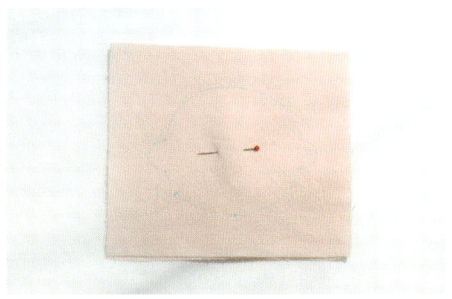

02 01의 원단 겉면과 나머지 살구색 원단의 겉면을 서로 맞대고 시침 핀으로 고정합니다.

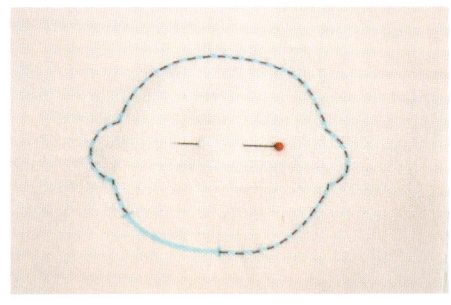

03 고정한 원단 2장을 완성선을 따라 2~3mm 간격으로 곱게 홈질하되 창구멍을 남겨둡니다.

참고 • 홈질 035쪽

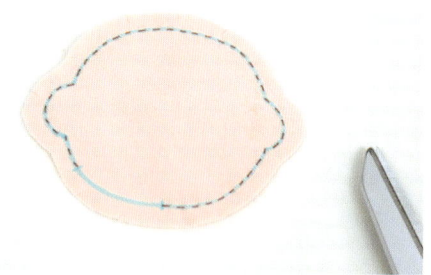

04 03에서 홈질한 완성선 밖으로 시접을 5mm 남기고 재단한 다음 시접 가장자리에 가윗밥을 넣어줍니다.

참고 • 가윗밥 051쪽

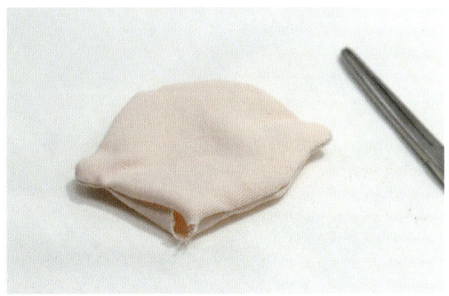

05 04를 창구멍으로 뒤집어줍니다.

참고 • 창구멍 051쪽

06 솜이 들어가지 않도록 양쪽 귀 막음선을 홈질로 막아줍니다.

07 창구멍으로 솜을 적당히 넣어줍니다.

08 07의 창구멍을 공그르기로 막아줍니다.

참고 • 공그르기 035쪽

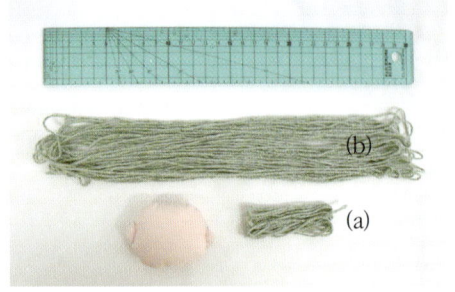

09 털실은 앞머리용과 양갈래 머리용으로 나눠서 준비합니다. 앞머리용 털실(a)은 가로 6cm×세로 3cm 준비하고, 양갈래로 땋을 머리 털실(b)은 가로 30cm×세로 5cm 준비합니다.

10 얼굴 중앙 상단에 뒤에서 앞으로 바늘을 통과합니다.

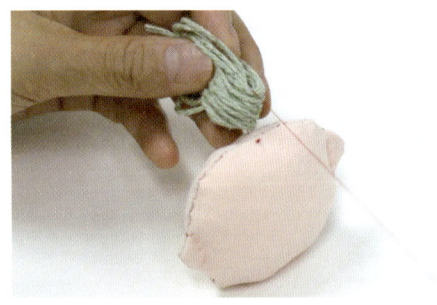

11 09에서 준비한 털실(a)을 반으로 접어 왼손에 잡고 10의 바늘을 통과합니다.

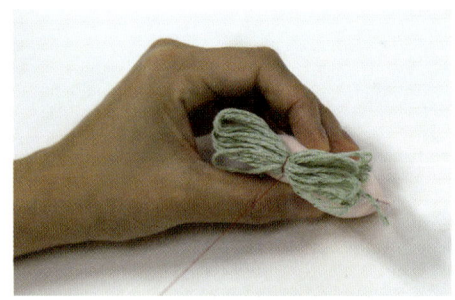

12 계속해서 2~3회 바늘을 통과시켜서 앞머리를 얼굴 상단에 단단히 고정합니다.

13 09에서 준비한 털실(b)을 머리 상단에 올립
니다.

14 털실을 3~4가닥씩 박음질로 고정합니다.

15 앞머리와 양갈래 머리를 모두 고정한 다음
앞머리 길이를 가위로 적당히 잘라줍니다.

16 양쪽 귀 바로 위쪽의 머리를 바느질로 고정
합니다.

17 양쪽 머리 끝을 단정하게 가위로 잘라 정리합니다.

18 양쪽 머리를 땋아서 실로 묶어줍니다.

19 실로 묶은 부분을 보라색 수실로 한 번 더 고정하고 리본으로 묶어줍니다.

20 소녀의 얼굴에 수성펜이나 기화펜 등으로 눈, 코, 입을 그려줍니다.

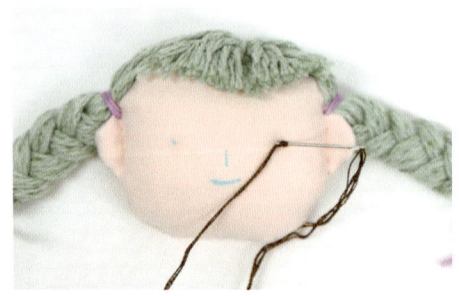

21 갈색 수실로 프렌치 노트 스티치해 눈을 만들어줍니다.

참고 • 프렌치 노트 스티치 042쪽

22 양쪽 눈을 완성한 모습입니다.

23 스트레이트 스티치로 코(갈색), 백 스티치로 입(선홍색)을 만들어줍니다.

참고 • 스트레이트 스티치 038쪽, 백 스티치 040쪽

24 블러셔나 색연필 등으로 볼터치를 해줍니다.

참고 • 볼터치 하기 049쪽

25 글루건이나 무독성 본드로 브로치 핀을 뒷면에 부착해서 완성합니다.

참고 • 브로치 핀 붙이기 046쪽

03

초록 테 안경을 쓴 소녀, 마리

어릴 때는 괜히 안경 쓴 친구들을 부러워하곤 했습니다. 시력도 좋은데 엄마를 졸라서 한
동안 안경을 쓰기도 했죠. 어지럽고 불편한 것을 꾹 참으면서 말이에요. 초록 테 안경을 쓴
마리는 과연 시력이 정말로 나쁜 걸까요?

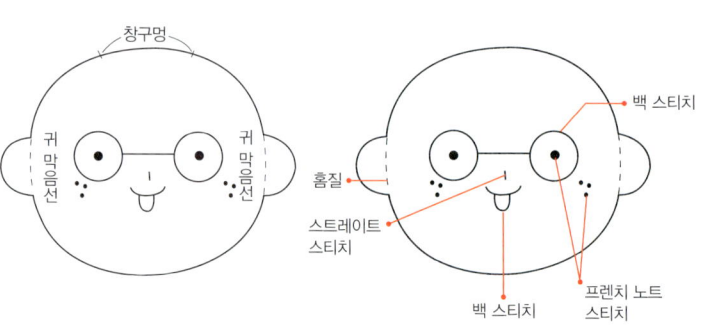

🧵 준비물

얼굴	베이지색 면 원단(12cm×10cm) 2장
헤어	검정색 털실
머리띠	펠트(3cm×12cm)
그 외	방울솜 약간, 자수실 4색(연두색, 파란색, 카키색, 분홍색), 브로치 핀(지름 3cm 이하), 귀걸이용 비즈 2개

✂ 도안

창구멍

귀막음선   귀막음선

👑 스티치

백 스티치

홈질

스트레이트 스티치

백 스티치

프렌치 노트 스티치

머리띠

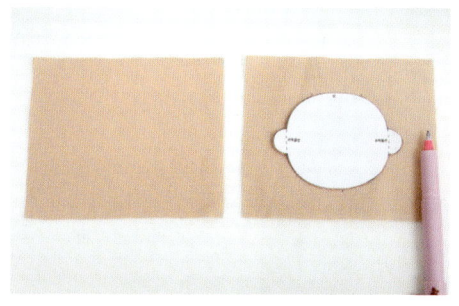 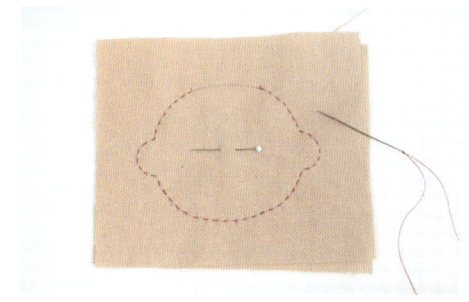

01 베이지색 원단 한 장을 준비합니다. 안쪽 면에 얼굴 도안을 올리고 완성선을 따라 그립니

02 01의 원단 겉면과 나머지 베이지색 원단의 겉면을 시로 맞대고 시침 핀으로 고정한 다음 01의 완성선을 따라 곱게 홈질하되 창구멍을 남겨둡니다.

참고 • 홈질 035쪽, 창구멍 051쪽

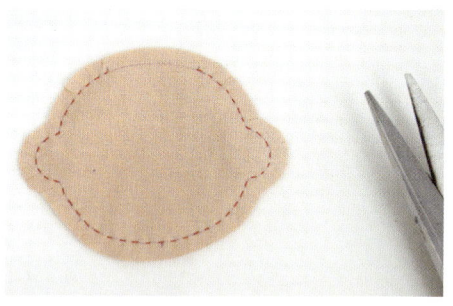 

03 02에서 홈질한 완성선 밖으로 시접을 5mm 남기고 가위로 재단한 후 가윗밥을 넣어줍니다.

참고 • 가윗밥 051쪽

04 03을 창구멍으로 뒤집어줍니다.

05 솜이 들어가지 않도록 양쪽 귀 막음선을 홈질합니다.

06 홈질이 끝나면 매듭을 지어 숨기고 가위로 잘라 깔끔하게 정리합니다.

참고 • 매듭 숨기기 048쪽

07 창구멍으로 솜을 적당히 넣고 공그르기로 막아줍니다.

참고 • 공그르기 035쪽

08 매듭을 지은 다음 바늘을 그 자리로 넣어 다른 곳으로 빼내 매듭을 숨깁니다.

참고 • 매듭 숨기기 048쪽

09 머리카락을 만들 검정색 털실을 앞머리용 (a)과 뒷머리용(b)으로 나눠 준비합니다. 뒷머리용(b)은 가로 20~30cm×세로 5cm, 앞머리용(a)은 5cm 길이로 준비합니다.

10 09에서 준비한 앞머리용(a) 털실 양옆을 가위로 잘라 정리합니다.

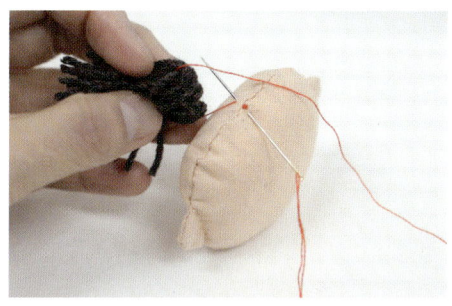

11 머리 중앙 꼭대기에 바늘을 넣어서 빼고, 10에서 준비한 털실(a)의 중간 부분을 걸어서 다시 머리 위 중앙 부분으로 통과합니다.

12 11을 2~3회 반복하여 털실(a)을 머리 위에 고정합니다.

참고 • 아직 실을 잘라내지 않습니다.

13 이제 뒷머리를 만듭니다. 뒷머리를 올려서 고정하기 위해 12의 바늘을 머리 뒤쪽으로 빼냅니다.

14 털실(b)을 3~4가닥씩 걸어 박음질로 고정하는데, 머리 뒤쪽의 3분의 2 정도만 채워줍니다.

참고 • 박음질 036쪽

15 머리카락을 모두 고정한 다음 털실의 길이를 원하는 만큼 잘라서 정리합니다.

16 귀 바로 아랫부분에 바늘을 넣어서 앞으로 뺀 다음 털실을 손으로 잡아줍니다.

 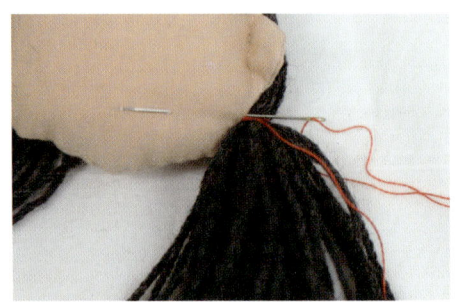

17 실을 다시 뒤쪽으로 보내고 16을 2~3회 반복해 털실을 묶어서 귀 아래로 고정합니다.

18 매듭을 짓고 숨깁니다.

참고 • 매듭 숨기기 048쪽

19 16~18의 방법으로 반대편 머리카락도 고정합니다.

20 털실을 가위로 깔끔하게 정리합니다.

21 도안을 참고하여 수성펜으로 소녀의 얼굴에 눈, 코, 입, 안경을 자유롭게 그려줍니다.

22 바늘에 수실을 꿰어 매듭을 털실 사이로 숨기고 눈으로 바늘을 빼서 수를 놓습니다.

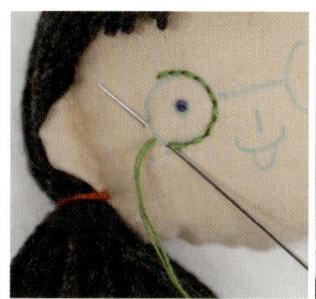  

23 자수로 눈, 안경, 주근깨, 코, 입을 각각 만들어줍니다.

눈 : 프렌치 노트 스티치(파란색), 안경 : 백 스티치(연두색), 주근깨 : 프렌치 노트 스티치(카키색), 코 : 스트레이트 스티치(연두색), 입 : 백 스티치(분홍색)

참고 • 프렌치 노트 스티치 042쪽, 스트레이트 스티치 038쪽, 백 스티치 040쪽

24 자수를 마치면 바늘을 뒤쪽 머리카락 속으로 빼서 매듭을 숨긴 다음 잘라줍니다.

25 바늘에 실을 꿰어 비즈를 귀에 달아줍니다. 이때는 비즈용 가는 바늘을 사용합니다.

참고 • 비즈용 바늘이 없다면 비즈를 꿸 수 있는 가는 바늘을 사용합니다.

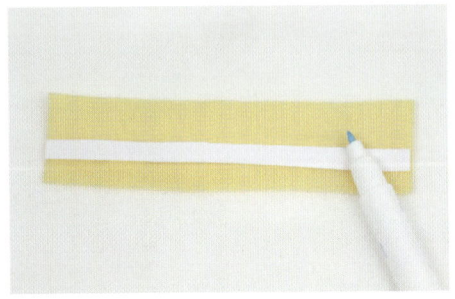

26 펠트 위에 머리띠 도안 형지를 올리고 수성 펜으로 그린 다음 시접 없이 완성선을 따라 재단합니다.

27 26에서 재단한 머리띠를 머리 위에 올리고 시침 핀으로 고정합니다.

28 분홍색 수실로 반박음질해 머리띠를 머리에 고정합니다.

참고 • 반박음질 037쪽

29 머리띠 양쪽 끝부분을 사선으로 잘라 다듬어줍니다.

30 분홍색 자수실을 잘라서 양쪽에 리본 모양 으로 묶어줍니다.

31 글루건이나 무독성 본드로 브로치 핀을 뒷 면에 붙여 완성합니다.

참고 • 브로치 핀 붙이기 046쪽

04

패브릭용 물감으로 다양한 표정의 얼굴 브로치 만들기

화난 얼굴, 웃는 얼굴, 빨간 머리, 노란 머리, 다양한 피부색…… 표정이나 재료만 조금 바꿔도 느낌이 완전히 달라지는 것이 핸드메이드 인형의 매력이죠. 이번에는 패브릭용 물감을 이용해 인형 꾸미기를 해봅니다. 바느질보다 쉬운 색칠하기로 개성 있는 인형을 꾸밀 수 있습니다. 엄마가 인형 얼굴만 만들어주면 아이들이 그림을 그려서 자신만의 인형 브로치를 만들 수 있답니다.

✂️ 도안

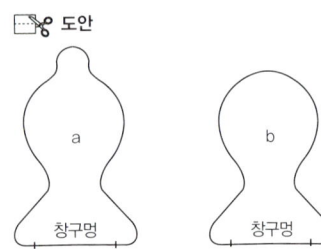

👑 스티치

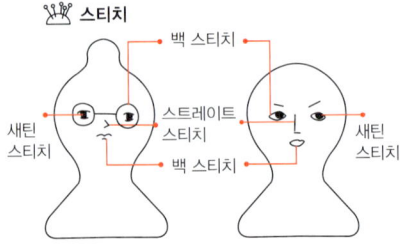

🧵 준비물

얼굴 앞면 살구색이나 연갈색 면 원단(8cm×12cm)
얼굴 뒷면 자투리 원단(8cm×12cm)
그 외 방울솜 약간, 패브릭용 물감(붓, 팔레트 등), 다양한 자수실, 비즈, 작은 장식 등 활용할 수 있는 오브제, 브로치 핀(길이 3cm 이하)

01 살구색 원단의 안쪽 면에 얼굴 도안을 올리고 완성선을 따라 그립니다.

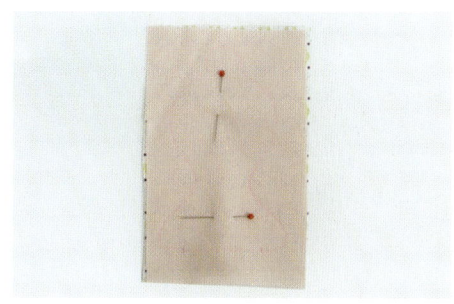

02 01의 원단 겉면과 뒷면이 될 자투리 원단의 겉면을 서로 맞대고 시침 핀으로 고정합니다.

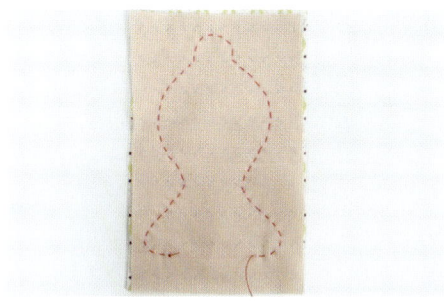

03 02의 원단 2장을 완성선을 따라 창구멍을 남기고 2~3mm 간격으로 곱게 홈질합니다.

참고 • 홈질 035쪽

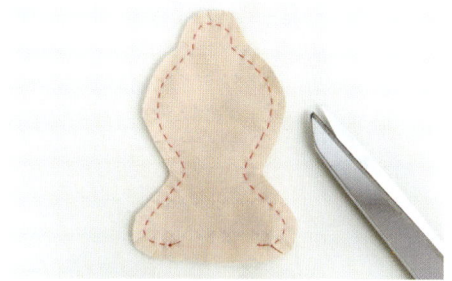

04 03에서 홈질한 완성선 밖으로 시접을 5mm 남기고 재단한 다음 가장자리에 가윗밥을 넣습니다.

참고 • 가윗밥 051쪽

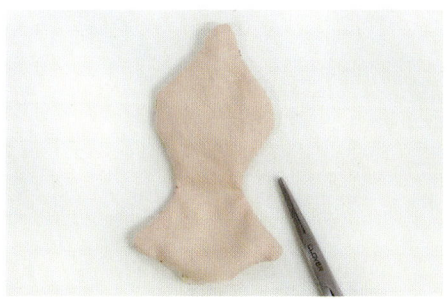

05 04를 창구멍으로 뒤집어줍니다.

참고 • 창구멍 051쪽

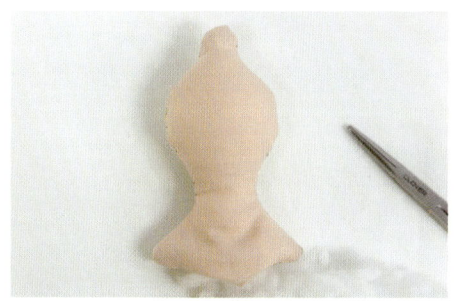

06 창구멍으로 솜을 적당히 넣어 입체적으로 만들어줍니다.

074

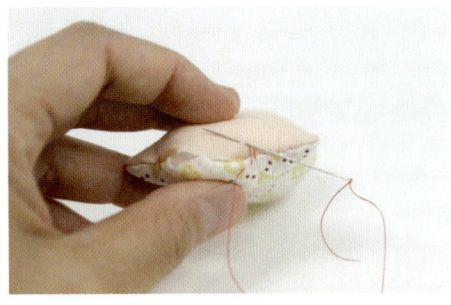

07 06의 창구멍을 공그르기로 막아줍니다.

참고 • 공그르기 035쪽

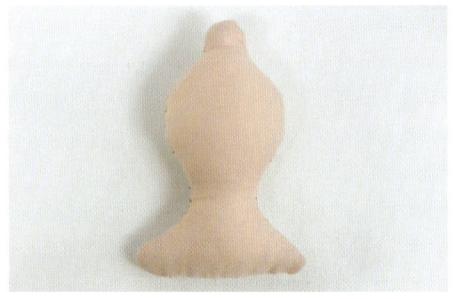

08 올림머리 여성의 얼굴이 완성됩니다.

09 01~08의 과정으로 '도안a'와 '도안b'를 활용해 여러 얼굴을 만듭니다. 다양한 피부색으로 만들어보세요.

10 수성펜으로 다양한 얼굴을 그립니다. 도안을 그대로 옮기지 말고 창의적으로 그려봅니다.

11 털실로 머리카락을 만듭니다. 도안b로 만든 얼굴 위에 털실을 올려 헤어스타일을 만들어봅니다.

12 머리에 올린 털실을 2~3가닥씩 박음질로 고정합니다.

참고 • 박음질 036쪽

13 다른 색 털실로 헤어스타일을 완성합니다
(054쪽 '뽀글뽀글 곱슬머리 소녀, 조이' 참고).
묶은 머리 위에 꽃 장식을 달아줍니다.

참고 • 꽃 장식은 동대문 시장이나 온라인 리본 공예 숍, 비즈
공예 숍 등에서 쉽게 구할 수 있습니다.

14 도안을 참고해 눈, 코, 입을 수놓습니다.

안경과 눈 : 백 스티치, 코 : 스트레이트 스티치

참고 • 백 스티치 040쪽, 스트레이트 스티치 038쪽

15 눈동자는 새틴 스티치로 만들어줍니다.

16 백 스티치로 입술을 만들어 얼굴을 완성하
고 볼터치를 해줍니다.

참고 • 백 스티치 040쪽, 볼터치 하기 049쪽

17 의상을 어떻게 꾸밀지 미리 정한 다음 원하
는 색을 배합합니다.

참고 • 패브릭용 물감은 너무 묽으면 번질 수 있고, 너무 되면
붓이 부드럽게 나가지 않습니다. 물을 조금만 섞어서 포스터 물
감을 사용할 때의 농도로 쓰지 않는 원단에 미리 테스트해 본
다음 사용합니다.

18 핑크색과 민트색으로 각각 의상을 색칠합
니다.

19 패브릭용 물감마다 사용 방법이 다르지만 보통 물감이 마르면 다리미로 열처리를 해줍니다. 인형 브로치는 자연 건조 후 드라이어로 2~3분간 열처리합니다.

20 이제 인형을 장식합니다. 옷에 무늬를 살짝 그리고, 비즈로 목걸이를 만들어줍니다.

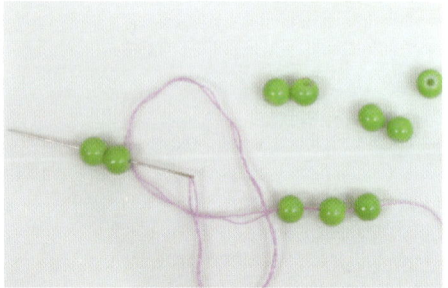

21 비즈용 바늘은 가늘어서 어디든 쉽게 통과할 수 있습니다. 비즈용 바늘이 없다면 가장 가는 바늘로 목걸이를 만들어보세요.

22 12에서 박음질한 털실 머리를 무독성 본드나 글루건으로 붙이고 길이를 다듬어줍니다.

23 뒷면에 브로치 핀을 붙여 완성합니다.

참고 • 브로치 핀 붙이기 046쪽

🪡 **Application** -

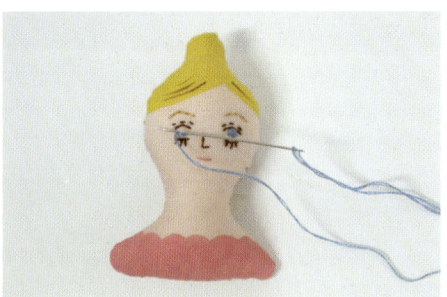

01 패브릭용 물감을 조합하여 머리칼과 의상을 색칠합니다. '도안a'와 '도안b'로 만든 인형을 가지고 다양한 캐릭터를 만들 수 있습니다.

02 얼굴 표정은 패브릭용 물감으로 그리거나 자수로 표현할 수 있어요.

참고 • 이 책에서 제안하는 얼굴 도안과 스티치 방법을 이용해보세요. 도안과 똑같이 만들어도 되고, 자신만의 개성 있는 얼굴을 만들어보는 것도 좋습니다.

다양한 표정과 얼굴의 인형

05

부슬부슬 양모 머리, 앤

가끔은 단추를 달아서 인형 눈을 표현하기도 합니다. 처음부터 인형 눈으로 만들어져 나온
단추도 있고요. 똑같은 크기와 모양의 단추가 아니어도 상관없어요. 오히려 개성 있는 나
만의 브로치 인형을 만들 수 있답니다.

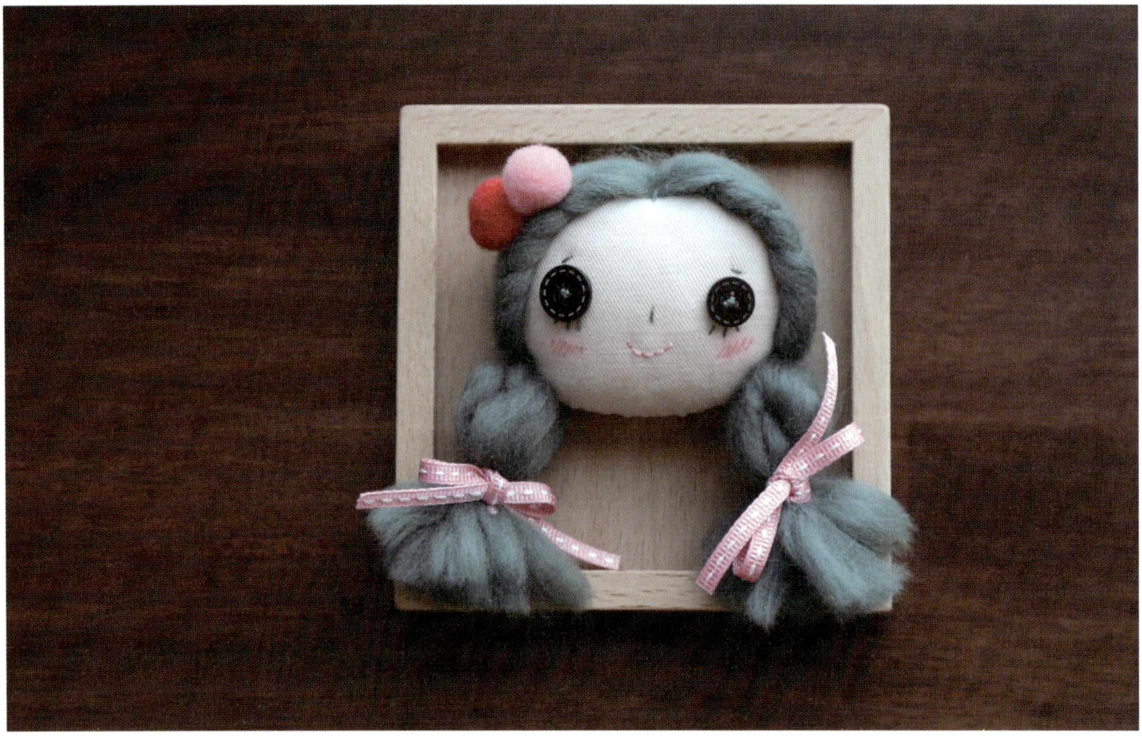

 준비물

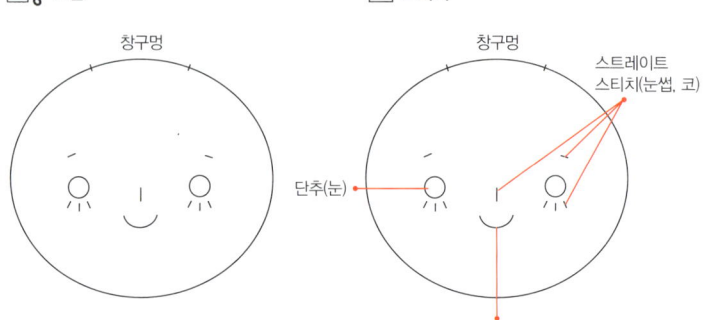

얼굴	베이지색 면 원단(10cm×10cm) 2장
헤어	양모 약간
헤어 장식	퐁퐁 2개, 리본(30cm)
눈	단추 2개
그 외	방울솜 약간, 자수실 2색(초록색, 분홍색),
	원형 브로치 핀(지름 3cm 이하),
	초크 페이퍼, 도안 복사본, 철필

01 베이지색 원단 한 장을 준비합니다. 안쪽 면에 얼굴 도안을 올리고 완성선을 따라 그립니다.

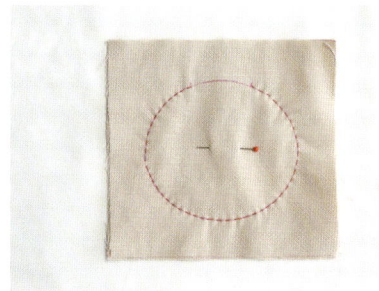

02 01의 원단 겉면과 나머지 베이지색 원단의 겉면을 서로 맞대고 시침 핀으로 고정한 다음 01의 완성선을 따라 곱게 홈질하되 창구멍을 남겨둡니다.

참고 • 홈질 035쪽, 창구멍 051쪽

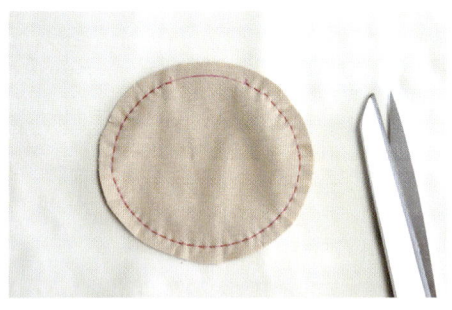

03 홈질한 완성선 밖으로 시접을 5mm 남기고 재단한 다음 가윗밥을 넣어줍니다.

참고 • 가윗밥 051쪽

04 03을 창구멍으로 뒤집어줍니다.

05 04의 얼굴 위에 초크 페이퍼(초크 면이 아래로 향하게)를 올립니다.

06 초크 페이퍼 위에 도안 복사본을 올리고 철필로 선을 따라 눌러가며 그립니다.

참고 · 도안 원본을 사용할 경우 셀로판지를 올리고 그리면 도안 원본을 보존하는 데 도움이 됩니다. 자유롭게 그리려면 수성펜으로 원단 위에 바로 눈 · 코 · 입을 그립니다. 초크 페이퍼로 도안 옮기기 043쪽

 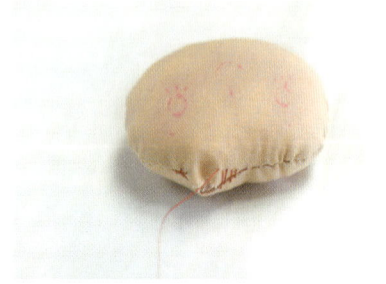

07 창구멍으로 솜을 적당히 채우고 공그르기로 창구멍을 막아줍니다.

참고 · 공그르기 035쪽

 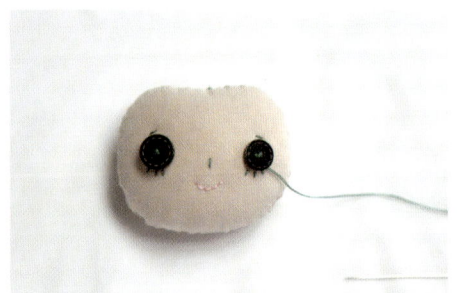

08 눈썹과 코는 초록색 수실로 스트레이트 스티치, 입 모양은 분홍색 수실로 백 스티치합니다. 바늘을 눈 가운데로 빼서 단추를 달아줍니다. 여기서는 양쪽 눈에 다른 크기의 단추를 달았습니다. 단추의 색과 모양을 자유롭게 선택하면 됩니다.

참고 · 스트레이트 스티치 038쪽, 백 스티치 040쪽

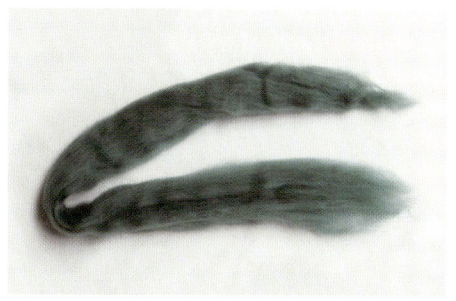

09 단추를 달고 나서 바늘을 머리 위쪽으로 빼고 그대로 둡니다.

참고 • 머리카락을 고정할 때 그대로 사용합니다.

10 양모는 가위로 자르지 않고 결대로 살살 당겨서 뽑아 사용합니다.

참고 • 양모로 머리카락 만들기 050쪽

11 양모를 머리 위에 올립니다.

12 09에서 빼놓은 바늘로 머리 위 가운데 양모를 조금씩 박음질로 고정합니다. 모두 고정한 다음 매듭을 짓고 바늘을 양모 안쪽으로 넣어 다른 곳으로 빼서 실을 자릅니다.

참고 • 매듭 숨기기 048쪽, 박음질 036쪽

13 양쪽으로 나눈 양모의 앞부분을 얇은 가닥으로 나눠서 꼬아주거나 땋아줍니다.

14 귀가 있어야 할 위치보다 조금 아래에 바늘을 꿰어서 얼굴에 양모 아랫부분을 고정합니다.

15 2~3회 꿰매 단단히 고정합니다.

16 13~15의 방법으로 반대편 양모도 고정합니다.

17 적당한 길이로 양모를 자르고 끝부분을 실로 살짝 묶어줍니다.

18 붉은 계열 유성 색연필이나 블러셔로 볼터치를 해줍니다.

19 볼터치 위에 패브릭용 마커로 살짝 붓 터치를 해주면 더 발랄해 보여요.

20 17에서 머리를 묶은 실 위에 리본을 묶어줍니다.

21 폼폼을 머리 위에 달기 위해 양모 속으로 바늘을 한 땀 뜹니다.

22 폼폼 2개를 머리 위에 박음질로 고정합니다.

23 뒷면에 브로치 핀을 붙여서 완성합니다.

참고 • 브로치 핀 붙이기 046쪽

06

패브릭용 마커로 꾸민 라라와 미미

패브릭용 마커는 쉽게 원단에 그림을 그리거나 채색할 수 있기 때문에 아이들도 재미있게
인형을 만들 수 있습니다. 패브릭용 마커마다 차이가 있겠지만 대부분 별도의 열처리 없이
고착되어 편하게 사용할 수 있답니다.

준비물

얼굴   베이지색 면 원단(10cm×10cm) 2장
헤어   털실이나 양모 약간
그 외   방울솜 약간, 원형 브로치 핀(지름 3cm 이하),
            패브릭용 마커

도안

창구멍

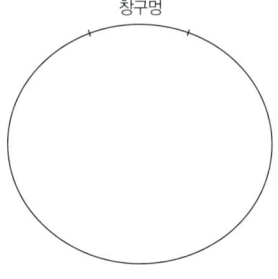

01 베이지색 원단 한 장을 준비합니다. 안쪽 면에 얼굴 도안을 올리고 수성펜 등으로 완성신을 따라 그립니다.

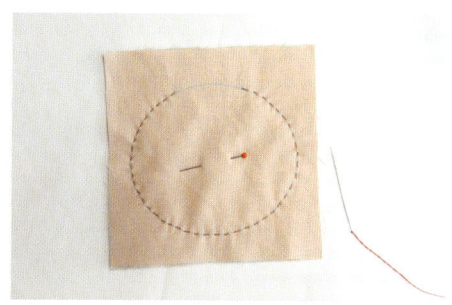

02 01의 원단 겉면과 나머지 베이지색 원단의 겉면을 서로 맞대고 시침 핀으로 고정한 다음 창구멍을 남기고 2~3mm 간격으로 곱게 홈질합니다.

참고 • 홈질 035쪽, 창구멍 051쪽

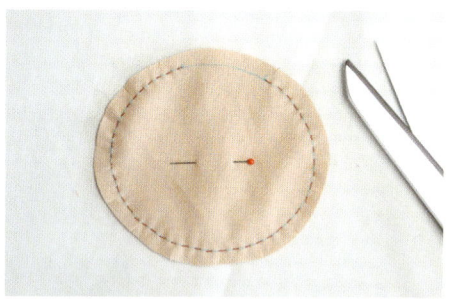

03 02의 홈질한 완성선 밖으로 시접을 5mm 남기고 재단한 다음 가윗밥을 넣어줍니다.

참고 • 가윗밥 051쪽

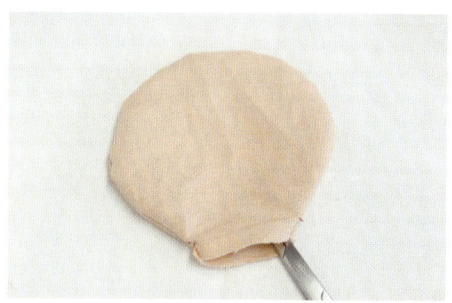

04 창구멍으로 03을 뒤집어줍니다.

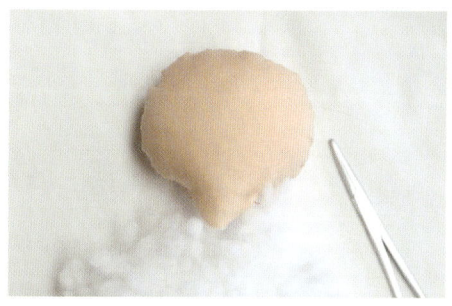

05 창구멍으로 솜을 적당히 채우고 공그르기로 막아줍니다.

참고 • 공그르기 035쪽

06 머리카락을 만들 털실 한 가닥을 4cm 길이
로 접어서 가운데만 얼굴 위쪽에 고정합니다.

07 긴 털실을 머리 위에 올리고 가운데 부분을
1~2가닥씩 박음질합니다.

참고 • 박음질 036쪽

08 얼굴 뒤쪽의 상단 3분의 1 지점까지 07의
방식으로 털실을 고정합니다.

09 털실 안쪽에 패브릭용 풀이나 접착제를 살
짝 발라 고정하는데, 너무 많은 양을 바르지 않
도록 주의합니다.

10 귀 아래쪽 뒤에서 앞으로 바늘을 통과해 머
리를 묶고 다시 2~3회 바늘을 꿰어 묶어 털실
을 얼굴에 고정합니다.

11 10의 방법으로 양쪽 머리칼을 모두 고정한
다음 원하는 길이로 다듬어줍니다.

01~05의 과정으로 얼굴을 만들고, 양모나 다른 색상의 털실로 다양한 인형을 여러 개 만들 수 있습니다. 다음은 같은 얼굴에 헤어스타일만 바꾼 인형입니다.

참고 • 털실과 양모 030쪽, 양모로 머리카락 만들기 050쪽

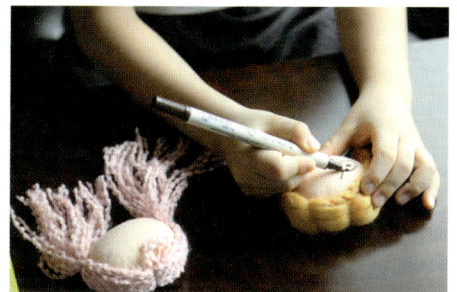

13 이제 패브릭용 마커로 눈, 코, 입을 개성 있게 그려줍니다. 아이도 쉽게 인형을 만들 수 있어요.

14 뒷면에 브로치 핀을 붙입니다.

참고 • 브로치 핀 붙이기 046쪽

15 아이가 직접 그리고 이름 지어준 예쁜 라라와 미미가 완성되었습니다.

일러스트 원단으로
만드는 브로치

예쁜 그림이 그려진 일러스트 원단은 보는 것만으로도 행복하답니다. 도안 없이 일러스트 원단만으로 예쁜 인형 브로치를 만들 수 있어요.

준비물

브로치 앞면을 만들 일러스트 프린트 원단
일러스트 크기가 최소 3cm 이상이며,
일러스트가 서로 바짝 붙어 있지 않은 원단

브로치 뒷면을 만들 단색 원단
앞면 원단과 비슷한 크기

그 외
방울솜 약간, 브로치 핀

01 원하는 일러스트가 프린트된 원단을 선택합니다. 일러스트가 너무 작으면 바느질이 힘들 수 있으니 최소 3㎝ 이상이 좋습니다. 일러스트가 서로 가까이 붙어 있지 않고 어느 정도 떨어진 것을 선택합니다.

02 원단에서 브로치를 만들고 싶은 일러스트를 선택합니다. 일러스트 바깥쪽으로 7~10㎜ 떨어진 위치에 수성펜으로 완성선을 그립니다.

03 02의 완성선 밖으로 시접을 5㎜ 남기고 재단합니다.

04 03의 원단 겉면과 뒷면으로 사용할 단색 원단의 겉면을 서로 맞대고 시침 핀으로 고정합니다. 02의 완성선에서 3㎝ 이상 창구멍을 표시해 줍니다. 곡선보다는 직선 부분에 창구멍을 남기는 것이 바느질하기 수월합니다.

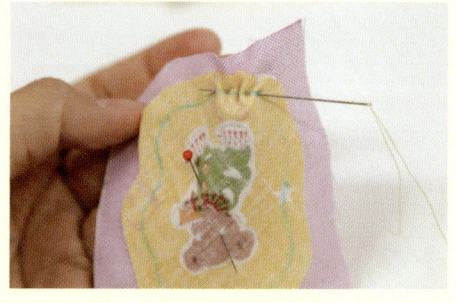

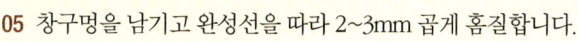
창구멍

05 창구멍을 남기고 완성선을 따라 2~3㎜ 곱게 홈질합니다.

참고 • 홈질 035쪽, 창구멍 051쪽

06 뒷면으로 사용할 원단도 앞면과 같이 재단하고 곡선 부분에 가윗밥을 넣어줍니다.

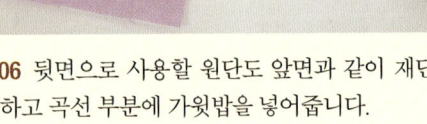

참고 • 가윗밥 051쪽

07 창구멍으로 뒤집어줍니다. 겸자가위를 이용하면 뒤집기 수월합니다.

08 창구멍으로 솜을 넣고 공그르기로 막아줍니다.

참고 • 공그르기 035쪽

09 매듭을 짓고 매듭을 숨겨서 마무리합니다.

참고 • 매듭 숨기기 048쪽

10 뒷면에 브로치 핀을 붙여서 완성합니다.

참고 • 브로치 핀 붙이기 046쪽

11 에코 백이나 여러 가지 소품에 장식해 보세요.

12 원단에 프린트된 다양한 일러스트로 브로치를 만들어보세요.

2

동물 인형 브로치 만들기

장난꾸러기 개구리 퐁퐁은 폴짝 뛰기를 좋아하는 수다쟁이고

물고기 몰리는 꽃을 좋아한답니다.

동물들의 성격을 상상하면서 즐겁게 동물 인형 브로치를 만들어보세요.

원단이나 장식을 조금만 바꿔 꾸며주면

더욱 개성 있는 동물 인형 브로치를 만들 수 있습니다.

노란 리본을 단
토끼, 티나

티나는 겉으로는 시크해 보이지만 따뜻하고 다
정한 토끼랍니다. 티나의 친구가 되어보세요.

✂️ **도안**

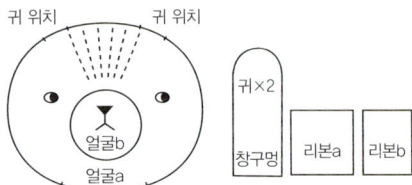

귀 위치　　　귀 위치

귀×2

창구멍　리본a　리본b

얼굴b
얼굴a

👒 **스티치**

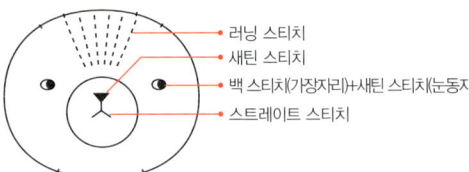

← 러닝 스티치
← 새틴 스티치
← 백 스티치(가장자리)+새틴 스티치(눈동자)
← 스트레이트 스티치

🧵 **준비물**

얼굴a	베이지색 면 원단(10cm×10cm) 2장
얼굴b	갈색 소프트 펠트(4cm×4cm)
귀 앞면	보라색 면 원단(7cm×7cm)
귀 뒷면	꽃무늬 면 원단(7cm×7cm)
리본	노란색 면 원단(8cm×7cm)
그 외	방울솜 약간, 자수실 3색(갈색, 선홍색, 연분홍색)
	원형 브로치 핀(지름 3cm 이하)
	초크 페이퍼, 도안 복사본, 철필

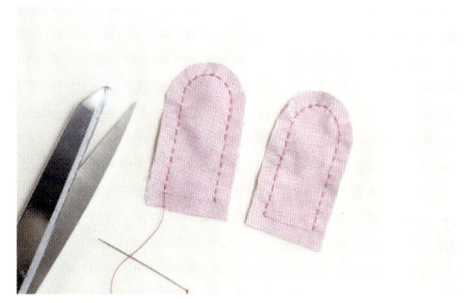

01 맨 먼저 귀를 만듭니다. 보라색 원단의 안쪽 면에 귀 도안을 대고 완성선을 따라 수성펜으로 그립니다. 토끼의 귀가 2개이므로 2장을 그려주세요.

02 꽃무늬 원단과 보라색 원단의 겉면을 서로 맞대고 시침 핀으로 고정한 후 완성선을 따라 2~3mm 간격으로 곱게 홈질하되 창구멍을 남겨둡니다. 시접을 5mm 남기고 재단합니다.

참고 • 홈질 035쪽

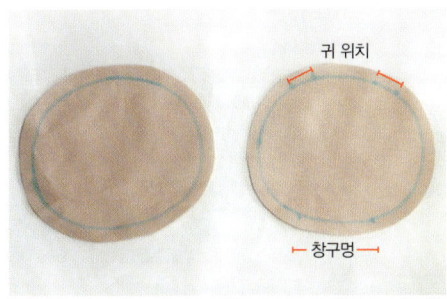

03 홈질한 귀 2개의 곡선 부위에 가윗밥을 넣고 창구멍으로 뒤집어줍니다. 한 면은 보라색, 한 면은 꽃무늬 귀 2개가 완성됩니다.

참고 • 가윗밥 051쪽

04 귀 아랫부분 양쪽 끝을 모아서 홈질로 살짝 고정합니다.

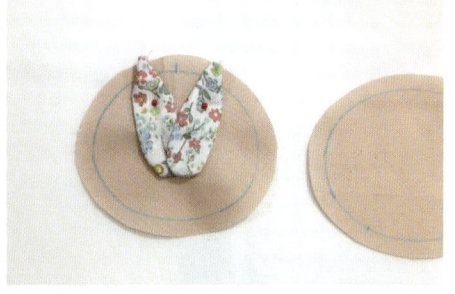

05 베이지색 원단의 안쪽 면에 '얼굴a' 도안을 대고 완성선을 따라 수성펜으로 그린 다음 시접을 5mm 남기고 재단합니다.

참고 • 이때 '귀 위치'와 '창구멍'의 위치도 그려줍니다.

06 귀 2개를 얼굴 겉면의 귀 위치에 올리고 시침 핀으로 고정합니다.

참고 • 편의상 얼굴 겉면에 파란 완성선을 표시했습니다. 실제 작업할 때는 보이지 않습니다.

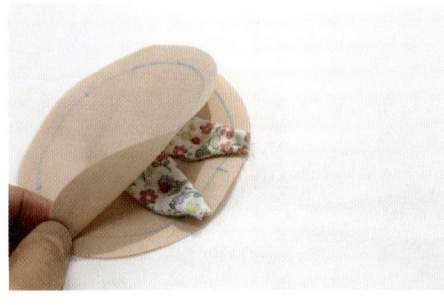
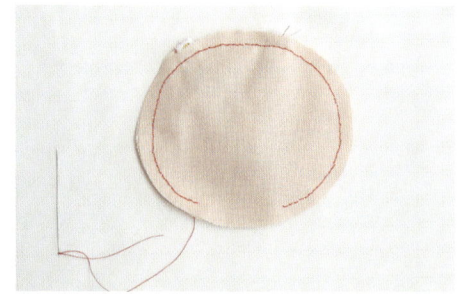

07 베이지색 원단의 겉면을 서로 맞대고 시침 핀으로 고정한 다음 창구멍을 남기고 완성선을 따라 박음질합니다.

참고 • 박음질 036쪽

08 가장자리(곡선)에 가윗밥을 넣어주고 창구멍으로 뒤집어줍니다.

참고 • 가윗밥 051쪽

09 08에서 뒤집은 얼굴 위에 초크 페이퍼와 도안을 올리고 철필로 눌러서 눈과 털 모양, '얼굴b'를 그립니다. 얼굴 앞면에 도안이 옮겨집니다.

참고 • 도안을 옮겨 그리지 않고 수성펜으로 자유롭게 그려도 됩니다. 초크 페이퍼로 도안 옮기기 043쪽

10 창구멍으로 얼굴에 솜을 채워 넣고 공그르기로 창구멍을 막아줍니다.

참고 • 공그르기 035쪽

11 갈색 펠트에 '얼굴b' 도안을 대고 그린 다음 시접을 남기지 않고 재단하여 '얼굴a' 위에 고정합니다. '얼굴b'를 갈색 실로 반박음질해서 고정합니다.

참고 • 반박음질 037쪽

12 자수로 눈, 코, 입, 털을 만듭니다. 먼저 눈 가장자리 선을 따라 선홍색 수실로 백 스티치 한 다음 눈동자를 새틴 스티치로 만듭니다.

참고 • 백 스티치 040쪽, 새틴 스티치 041쪽

13 연분홍색 수실로 코는 새틴 스티치, 입은 스트레이트 스티치합니다.

14 얼굴 위의 털 모양은 갈색 수실로 러닝 스티치합니다.

참고 • 러닝 스티치 039쪽

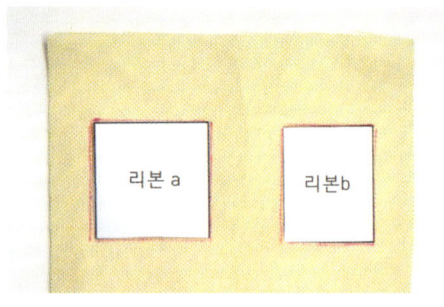

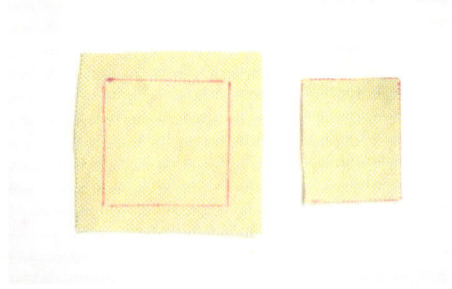

15 노란색 원단 안쪽면에 '리본a'와 '리본b' 도안을 대고 완성선을 따라 그립니다.

16 '리본a'는 시접을 5mm 남기고 재단하고, '리본b'는 시접을 남기지 않고 재단합니다.

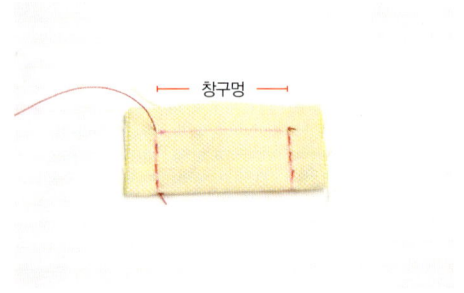

17 '리본a'를 원단의 겉면이 안쪽으로 가도록 반으로 접은 다음 양옆을 곱게 홈질합니다.

참고 • 홈질 035쪽

18 위쪽 창구멍으로 '리본a'를 뒤집어 시접을 안쪽으로 접어 넣고 창구멍을 공그르기로 막아줍니다.

참고 • 공그르기 035쪽

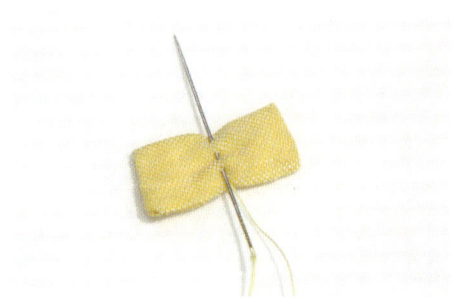

19 공그르기한 '리본a'의 중앙 부분을 노란색 실로 홈질한 다음 실을 잡아당겨 주름을 만듭니다.

참고 • 홈질 035쪽

문접기 방식   완성된 리본

20 재단해 둔 '리본b'를 '문접기 방식'으로 접은 다음, 한 번 더 접어 19의 가운데 부분에 둘러 뒤에서 박음질로 고정해 리본을 완성합니다.

참고 • 문접기 방식 051쪽

리본을 단 토끼 티나의 모습

21 토끼의 귀 앞에 리본을 바짝 붙여 박음질로 달아줍니다.

참고 • 박음질 036쪽

22 블러셔 등으로 볼터치를 해줍니다.

참고 • 볼터치 하기 049쪽

23 뒷면에 브로치 핀을 붙여 완성합니다.

참고 • 브로치 핀 붙이기 046쪽

꽃을 좋아하는 물고기, 몰리

몰리는 꽃과 반짝이는 비즈로 몸을 치장하는 것을 좋아하는 물고기랍니다. 몰리에게
예쁜 꽃을 선물해 보세요.

 준비물

얼굴	살구색 원단(5cm×5cm) 2장
몸	꽃무늬 원단(10cm×7cm) 2장
장식	소프트 펠트(3cm×3cm) 2~3종류의 색
그 외	방울솜 약간, 자수실(청색, 연두색, 연분홍색, 자주색 등 자유롭게 선택), 브로치 핀(길이 3cm 이하)

도안

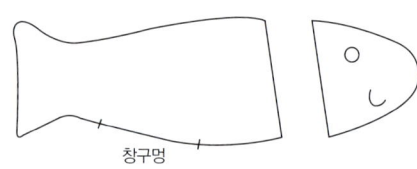

창구멍

스티치

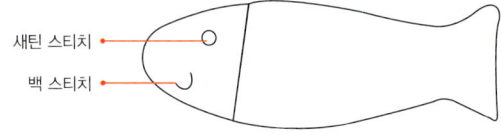

새틴 스티치

백 스티치

01 얼굴을 만들 살구색 원단과 물고기 몸통을 만들 꽃무늬 원단의 안쪽에 도안을 각각 대고 완성선을 따라 수성펜으로 그립니다.

02 완성선 밖으로 시접을 5mm 남기고 재단합니다.

03 얼굴과 몸통 원단의 겉면을 서로 맞대고 시침 핀으로 고정합니다(앞뒤 2장).

04 03에서 고정한 얼굴과 몸통의 원단을 완성선을 따라 고운 홈질로 이어줍니다.

05 가름솔로 시접을 갈라서 다림질합니다.

참고 • 가름솔 051쪽

06 2장의 물고기 원단 겉면을 서로 맞대고 시침 핀으로 고정한 다음 창구멍을 남기고 완성선을 따라 곱게 홈질한 후 곡선에 가윗밥을 넣어줍니다.

참고 • 창구멍, 가윗밥 051쪽

07 겸자가위 등을 이용해 창구멍으로 뒤집어
줍니다.

참고 • 겸자가위 023쪽

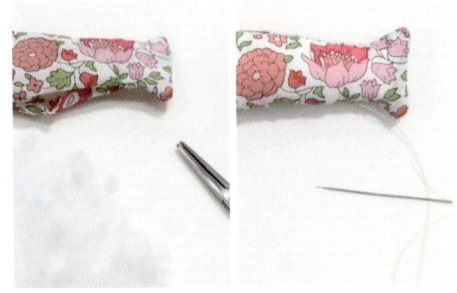

08 창구멍으로 솜을 채워 넣고 공그르기로 막
아줍니다.

참고 • 공그르기 035쪽

09 준비한 펠트에 원을 그리고(크기는 자유롭
게 선택) 오려서 물고기의 몸에 자유롭게 배치
합니다.

10 09의 펠트 동그라미를 시침 핀으로 고정한
다음 하나씩 원하는 색상의 수실로 고정합니
다. 이때 펠트 아래쪽에 매듭을 지어 숨깁니다.

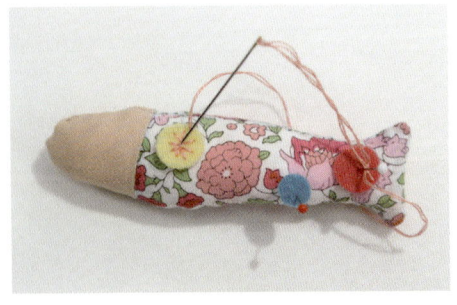

11 수실을 이용해 펠트 동그라미 위에 방사형
으로 스트레이트 스티치를 합니다.

참고 • 스트레이트 스티치 038쪽

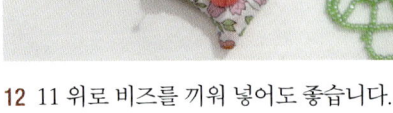

12 11 위로 비즈를 끼워 넣어도 좋습니다.

13 펠트 동그라미 아래로 실을 빼서 매듭을 지은 다음 몸통을 통과해 바늘을 빼고 실을 잘라줍니다.

참고 • 매듭 숨기기 048쪽

14 09~13의 방법으로 펠트 동그라미를 2~3개 고정합니다.

참고 • 원하는 곳에 비즈를 더 달아도 됩니다.

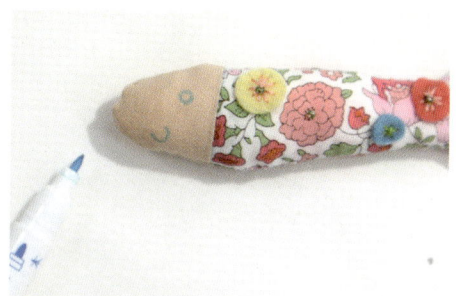

15 수성펜 등으로 물고기 얼굴에 원하는 모양으로 눈과 입을 그려줍니다.

16 눈 모양 가장자리를 백 스티치로 수놓은 다음 새틴 스티치로 채워줍니다.

참고 • 백 스티치 040쪽, 새틴 스티치 041쪽

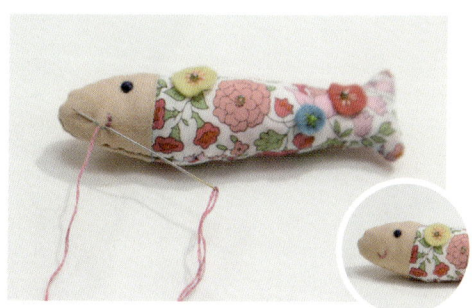

17 입 모양을 따라 백 스티치로 수놓아 브로치의 앞부분을 완성합니다.

18 무독성 본드나 바느질로 뒷면에 브로치 핀을 고정합니다.

참고 • 브로치 핀 붙이기 046쪽

03

새침데기 고양이, 미아

미아는 새침하기는 하지만 친구가 되고 나면 은근히 챙겨주는 예쁜 마음을 가진 고양
이랍니다. 고깔모자를 쓴 빨간 수염 미아의 매력에 빠져보세요.

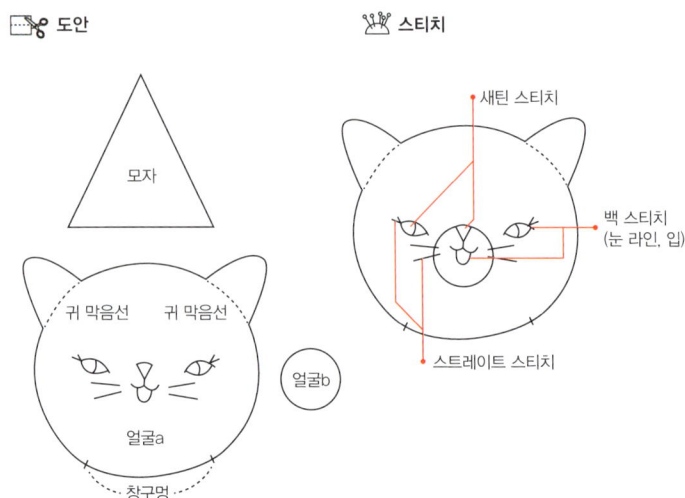

🧵 준비물

얼굴a	흰색 면 원단(12cm×10cm) 2장
얼굴b	살구색 소프트 펠트(3.5cm×3.5cm)
헤어	흰 털실 약간
모자	프린트가 있는 분홍색 면 원단(7cm×7cm) 2장
그 외	자수실(파란색, 갈색, 분홍색, 다홍색 등 자유롭게
	선택), 방울솜 약간, 원형 브로치 핀(지름 3cm 이하)

✂ 도안

모자

귀 막음선   귀 막음선

얼굴a

창구멍

얼굴b

🪡 스티치

새틴 스티치

백 스티치
(눈 라인, 입)

스트레이트 스티치

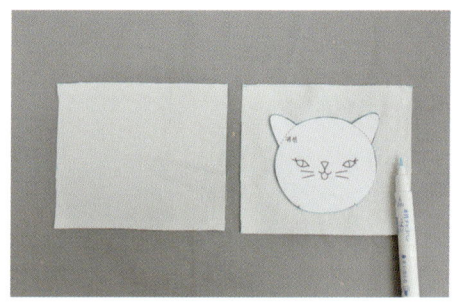 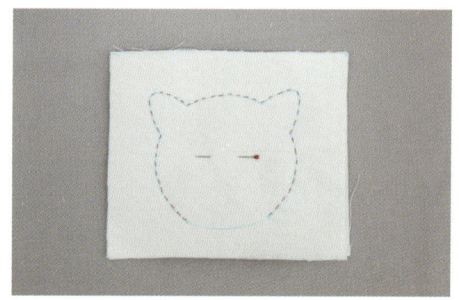

01 흰색 원단 1장을 준비해 안쪽 면에 '얼굴a' 도안을 대고 완성선을 따라 그립니다.

02 01의 원단과 나머지 흰색 원단의 겉면을 서로 맞대고 시침 핀으로 고정한 다음 창구멍을 남기고 2~3mm 간격으로 곱게 홈질합니다.

참고 • 홈질 035쪽, 창구멍 051쪽

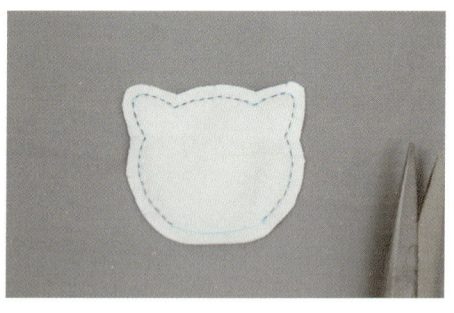 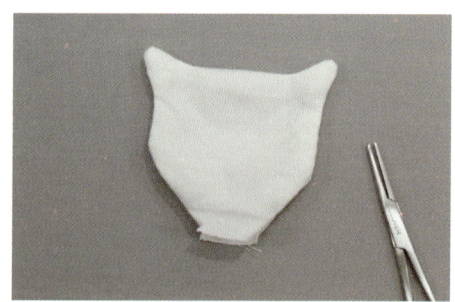

03 완성선 밖으로 시접을 5mm 남기고 재단한 다음 곡선 부위에 가윗밥을 넣어줍니다.

참고 • 가윗밥 051쪽

04 창구멍으로 뒤집어줍니다.

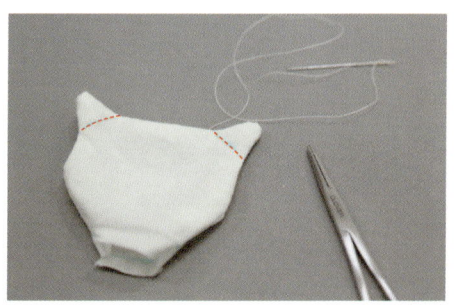 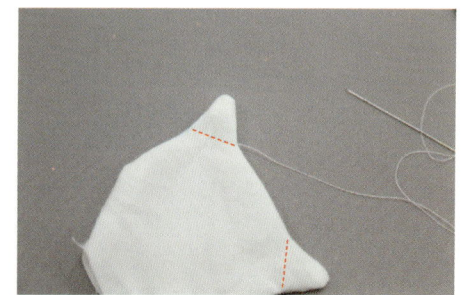

05 귀에 솜이 들어가지 않도록 '귀 막음선'을 따라 곱게 홈질합니다.

 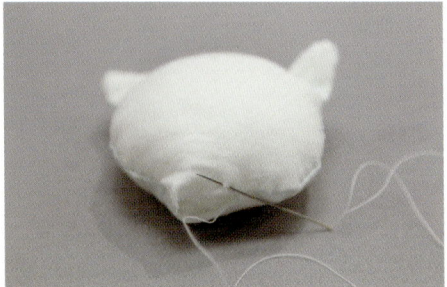

06 창구멍으로 솜을 적당히 넣고 공그르기로 막아줍니다.

참고 • 공그르기 035쪽

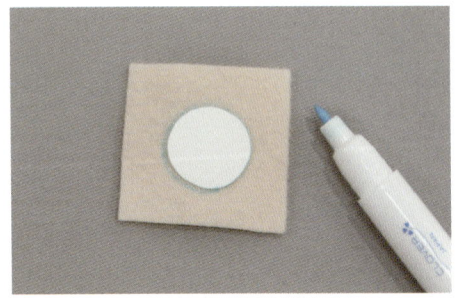 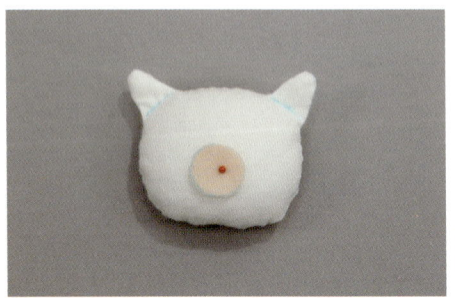

07 펠트에 '얼굴b' 도안을 대고 수성펜으로 완성선을 따라 그립니다.

08 07의 완성선을 따라 시접 없이 재단한 다음 '얼굴a'에 올리고 시침 핀으로 고정합니다.

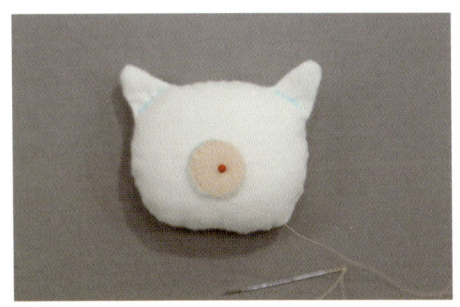 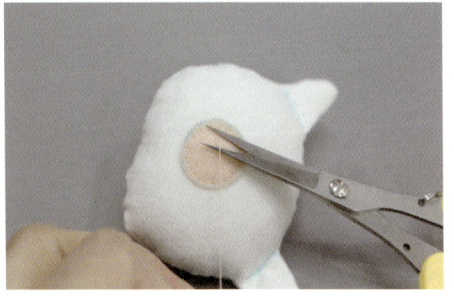

09 펠트 완성선의 1mm 안쪽으로 돌려가며 살구색 실로 반박음질하고 매듭을 지어 정리합니다.

참고 • 반박음질 037쪽, 매듭 숨기기 048쪽

10 수성펜으로 고양이 얼굴에 눈, 코, 입을 그려
줍니다. 도안을 참고해 자유롭게 그려주세요.

11 파란색 수실로 눈 모양을 따라 백 스티치하
고, 눈동자는 새틴 스티치로 채워줍니다.

참고 • 백 스티치 040쪽, 새틴 스티치 041쪽

12 갈색 수실로 위 입을 백 스티치하고, 코를
새틴 스티치로 메워줍니다.

13 아래 입은 분홍색 수실로 백 스티치합니다.

14 수염은 다홍색 수실로 스트레이트 스티치
합니다.

참고 • 스트레이트 스티치 038쪽

15 고양이 머리털을 만들 털실을 길이 6cm, 두
께 2~2.5cm로 정리하고 그림처럼 꽈배기 모양
으로 꼬아줍니다.

16 15에서 꼰 털실을 고양이 머리 위에 동그랗게 올려 자리를 잡아줍니다.

17 머리에 올린 털실을 서너 가닥씩 박음질로 고정합니다.

참고 • 박음질 036쪽

18 프린트된 분홍색 원단 1장을 준비해 안쪽면에 모자 도안을 대고 수성펜으로 완성선을 따라 그립니다.

19 18의 원단과 나머지 원단의 겉면을 서로 맞대고 시침 핀으로 고정한 다음 아랫부분을 남기고 곱게 홈질합니다.

참고 • 홈질 035쪽

20 완성선 밖으로 시접을 5mm 남기고 재단합니다. 이때 모서리를 잘라주면 뒤집을 때 좋아요.

21 20의 재단한 모자 아랫부분을 가름솔로 접어 자국을 내줍니다.

참고 • 가름솔 051쪽

22 아랫부분으로 모자를뒤집어줍니다.

23 고양이 머리 위에 뒤집은 모자를 올리고 21 의 자국에 맞춰 시접을 안으로 접어 넣은 다음 시침 핀으로 고정합니다.

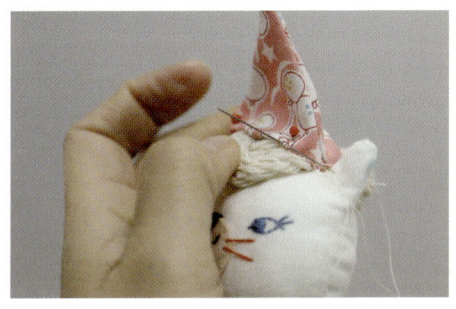

24 모자 앞쪽을 머리에 맞대고 공그르기로 고 정합니다.

참고 · 공그르기 035쪽

25 뒤쪽 창구멍으로 모자 안쪽에 솜을 채워줍 니다.

참고 · 창구멍 051쪽

26 모자 뒷부분도 21의 자국에 맞춰 시접을 안 으로 접어 넣은 다음 공그르기로 막아줍니다.

27 뒷면에 적당한 브로치 핀을 달아줍니다.

참고 · 브로치 핀 붙이기 046쪽

04

노래하는 새, 피피

피피는 노래하기를 좋아하는 새랍니다. 아침마다 아름다운 목소리로 친구들에게 노래
를 들려주죠. 피피의 노랫소리가 들리나요?

 준비물

몸통	보라색 면 원단(11cm×8cm) 2장
날개	잔꽃 무늬 원단(7cm×5cm) 2장
꽁지	하얀 레이스(5cm×7cm)
그 외	방울솜 약간, 자수실(붉은색), 작은 단추 1개, 브로치 핀(길이 3cm 이하)

도안

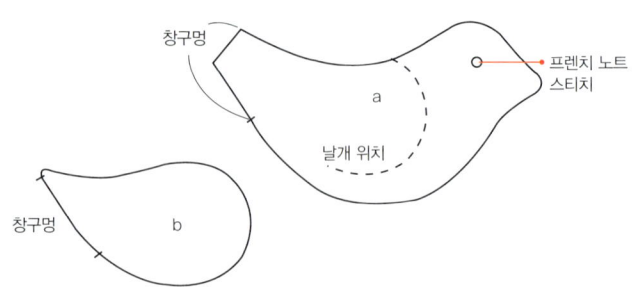

01 보라색 원단 1장을 준비해 안쪽 면에 '도안 a'를 올리고 수성펜으로 완성선을 따라 그립니다.

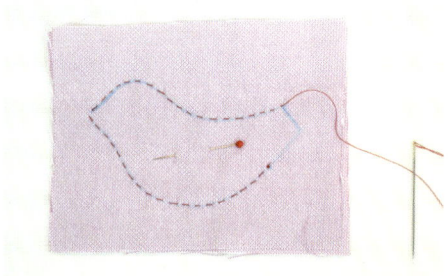

02 01의 원단과 나머지 보라색 원단의 겉면을 서로 맞대고 시침 핀으로 고정한 다음 창구멍을 남기고 완성선을 따라 2~3mm 간격으로 곱게 홈질합니다.

참고 • 홈질 035쪽

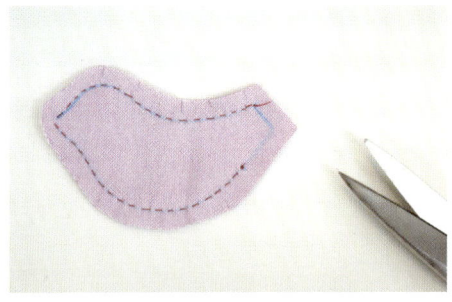

03 완성선 밖으로 시접을 5mm 남기고 재단한 다음 곡선 부위에 가윗밥을 넣어줍니다.

참고 • 가윗밥 051쪽

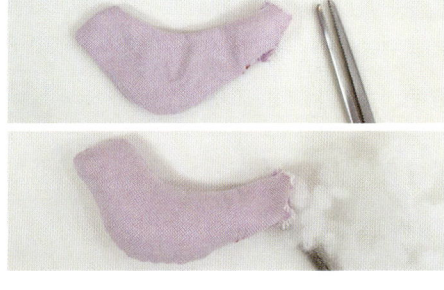

04 03을 창구멍으로 뒤집고 솜을 넣어줍니다.

참고 • 창구멍 051쪽

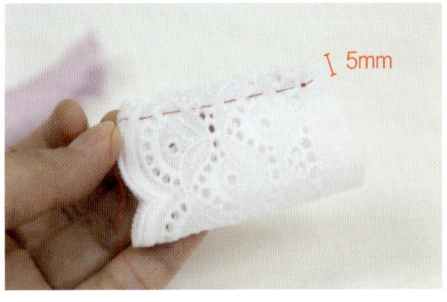
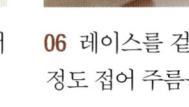

05 레이스 겉면을 서로 맞대어 반으로 접어서 시접을 5mm 남기고 곱게 홈질합니다.

참고 • 홈질 035쪽

06 레이스를 겉으로 뒤집은 다음 끝을 살짝 반 정도 접어 주름을 만듭니다.

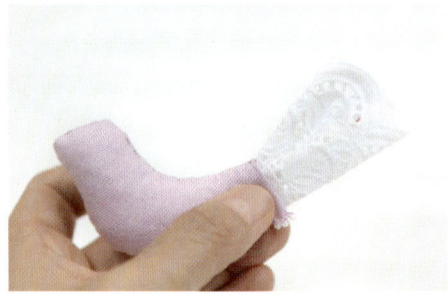 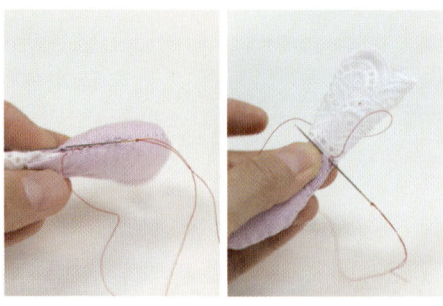

07 04의 창구멍 속으로 06의 레이스 꽁지를 넣어줍니다.

08 창구멍의 시접을 안으로 접어 넣고 공그르기로 돌려가며 앞뒤를 모두 막아줍니다.

참고 • 공그르기 035쪽

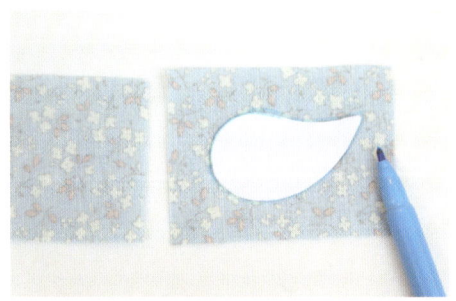 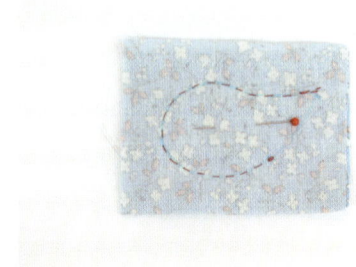

09 '도안b'로 01~04의 방법으로 새의 날개를 만듭니다. 먼저 수성펜으로 '도안b'를 그린 다음 창구멍을 남기고 완성선을 따라 박음질합니다.

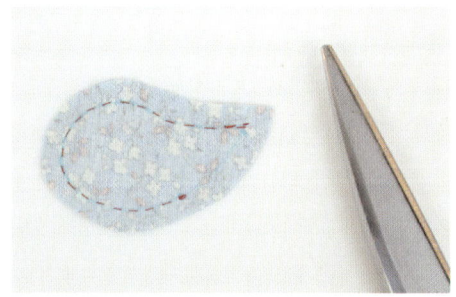 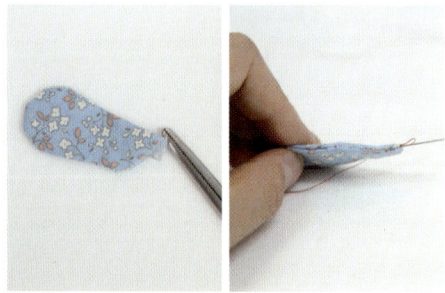

10 시접을 5mm 남기고 자른 다음 창구멍을 이용해 뒤집고 공그르기로 막아줍니다.

11 도안을 참고해 날개를 해당 위치에 시침 핀으로 고정한 다음 단추를 올립니다.

12 단추를 달아주는데, 새의 몸까지 살짝 바늘을 넣어 여러 번 반복해서 고정합니다.

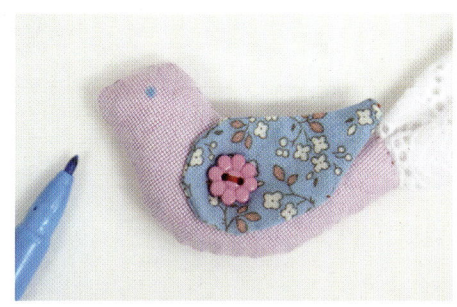 

13 도안을 참고해 수성펜으로 눈을 그리고, 붉은색 수실로 프렌치 노트 스티치합니다.

참고 • 프렌치 노트 스티치 042쪽

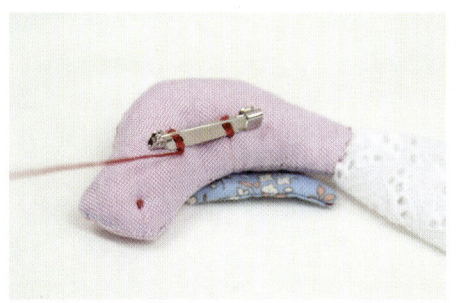 

14 뒷면에 브로치 핀을 붙여 완성합니다.

참고 • 브로치 핀 붙이기 046쪽

05

폴짝 장난꾸러기
청개구리, 퐁퐁

비가 오는 날이면 어디선가 폴짝거리며 나타나
는 청개구리. 어린 시절 여름방학에 시골 할머
니 댁에 놀러 가면 밤새 개굴개굴 울어대는 소
리가 참 요란하게 들렸지요. 퐁퐁이는 장난꾸
러기에 수다쟁이 개구리예요. 하지만 미소가
너무나 귀엽고 사랑스럽답니다.

✂ 도안

🪡 스티치

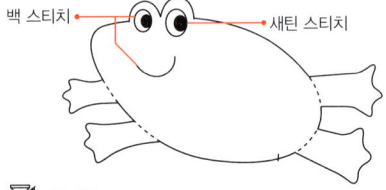

🧵 준비물

몸 앞면 초록색이나 연두색 무늬가 있는 면 원단
(11cm×8cm) 1장

몸 뒷면 초록색이나 연두색 면 원단(11cm×8cm) 1장

앞다리 초록색이나 연두색 펠트(6cm×5cm) 1장

그 외 자수실 2색(흰색, 검정색), 방울솜 약간, 브로치 핀
(길이 3cm 이하)

115

01 무늬 있는 원단의 안쪽 면에 개구리 몸 도안을 올려 수성펜으로 완성선을 따라 그립니다. 앞다리 2개는 펠트에 도안을 올리고 수성펜으로 그립니다. 이때 몸 도안에 창구멍의 위치와 앞다리가 놓일 위치를 표시해 둡니다.

참고 • 창구멍 051쪽

02 '앞다리a, b'의 펠트를 각각 2장씩 잘라 겹치고 완성선에서 1mm 안쪽으로 홈질합니다. 이때 바느질을 시작할 때와 끝낼 때 매듭은 2장의 펠트 사이에 숨깁니다.

참고 • 홈질 035쪽

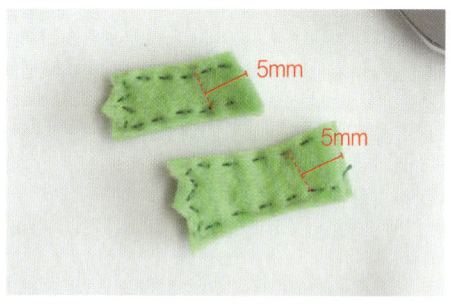

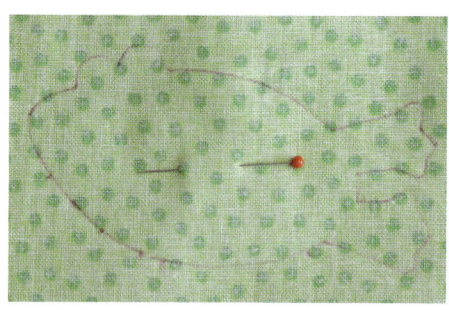

03 홈질한 2개의 앞다리를 완성선을 따라 가위로 재단합니다. 이때 개구리 몸과 연결되는 부분만 시접을 5mm 남기고 재단합니다.

04 01에서 도안을 그린 앞면 원단과 뒷면 원단의 겉면을 서로 맞대고 시침 핀으로 고정합니다.

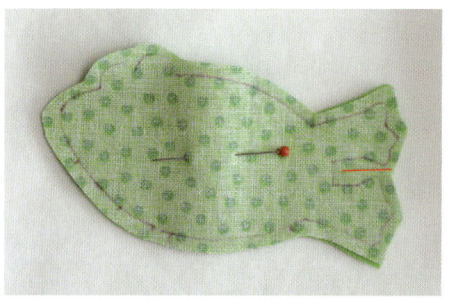

05 04의 원단을 완성선 밖으로 시접을 3~5mm 남기고 재단합니다. 이때 뒷다리 사이도 가위로 잘라주어야 합니다.

06 05의 원단 사이에 03에서 만든 '앞다리a'와 '앞다리b'를 각각의 위치에 넣어줍니다.

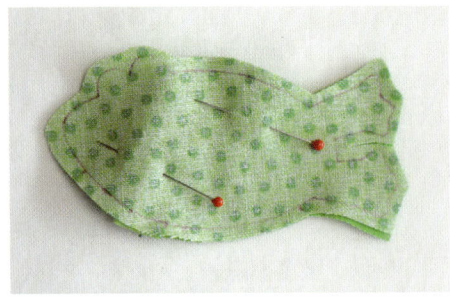

07 06에서 넣은 다리를 시침 핀으로 고정합니다.

08 창구멍을 남기고 완성선을 따라 박음질하고 둘레에 가윗밥을 넣어준 다음 창구멍으로 뒤집어줍니다.

참고 • 박음질 036쪽, 가윗밥 051쪽

09 뒷다리처럼 좁은 부위는 겸자가위나 핀셋으로 조심스럽게 빼냅니다.

10 창구멍으로 솜을 적당히 넣고 공그르기로 막아줍니다.

참고 • 공그르기 035쪽

11 도안을 참고해 개구리 얼굴에 눈, 코, 입을 수성펜으로 그립니다. 도안 그대로 옮기려면 솜을 넣기 전에 먹지나 초크 페이퍼를 대고 그립니다.

참고 • 초크 페이퍼로 도안 옮기기 043쪽

12 흰색 수실로 눈의 흰 부분을 새틴 스티치해서 메워줍니다.

참고 • 새틴 스티치 041쪽

13 콧구멍은 검정색 수실로 프렌치 노트 스티치하고, 입은 백 스티치, 눈동자는 새틴 스티치합니다.

참고 • 프렌치 노트 스티치 042쪽, 백 스티치 040쪽

14 블러셔나 유성 색연필로 볼터치를 하고 패브릭용 마커로 붓 터치를 넣어주면 훨씬 귀여운 개구리가 된답니다.

참고 • 볼터치 하기 049쪽

15 뒷면에 브로치 핀을 달아서 완성합니다.

참고 • 브로치 핀 붙이기 046쪽

귀여운 아기 곰, 벤

벤은 꽃과 나무, 그림 그리기를 좋아하는 아기 곰이에요. 수다스럽진 않지만 친구들의
이야기를 잘 들어준답니다. 하고 싶은 이야기가 있다면 벤에게 들려주세요.

 준비물

얼굴a   갈색 코듀로이 원단(11cm×10cm) 2장
얼굴b   하늘색 면 원단(8cm×5cm)
눈   밝은 회색 소프트 펠트(3cm×5cm), 회색 단추(지름 5mm) 2개
볼   분홍색 소프트 펠트(3cm×5cm)
귀   보라색 면 원단(10cm×10cm), 살구색 소프트 펠트(3cm×5cm)
그 외   자수실(갈색, 분홍색), 방울솜 약간, 원형 브로치 핀(지름 3cm
           이하), 먹지, 도안 복사본, 철필

도안

귀
귀
귀 위치
얼굴a
얼굴b
창구멍

얼굴b×2

스티치

스트레이트 스티치
백 스티치

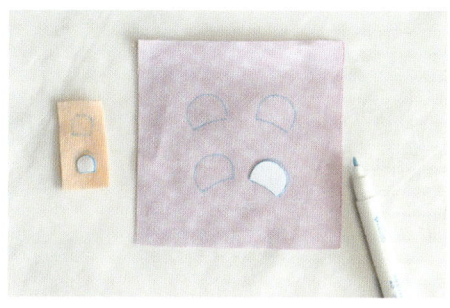

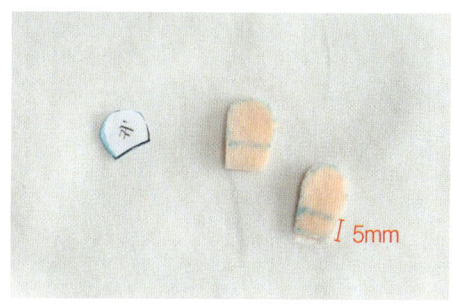

01 보라색 원단 안쪽에 귀 도안을 대고 완성
선을 따라 수성펜으로 2쌍을 그립니다. 살구색
펠트에 귀 안쪽에 들어갈 작은 귀' 모양도 2개
그립니다.

02 01의 살구색 펠트를 아랫부분만 시접을
5mm 남기고 곡선 부분은 시접 없이 완성선을
따라 재단합니다.

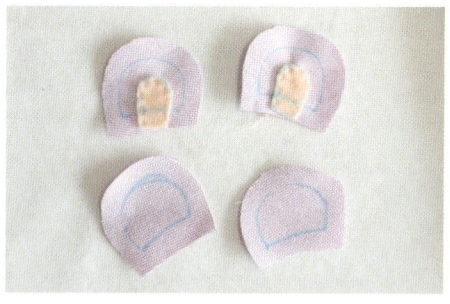

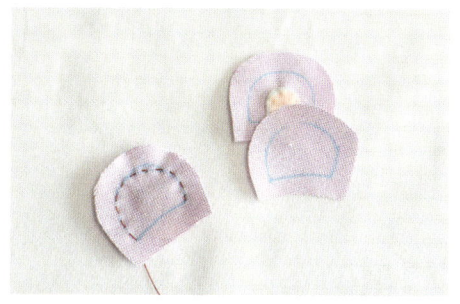

03 01의 귀 원단을 완성선 밖으로 시접을 5mm
남기고 가위로 재단한 다음 그 위에 02의 펠트
를 올려 재단선에서 1mm 안쪽으로 홈질합니
다. 이 부분이 귀의 앞면입니다.

참고 • 이해를 돕기 위해 원단의 겉면에 파란 완성선을 표시했
으나 실제 작업할 때는 보이지 않습니다.

04 03의 보라색 원단의 겉면을 서로 맞대고 아
랫부분에 창구멍을 남기고 곡선 부분만 곱게
홈질합니다(2개).

참고 • 홈질 035쪽, 창구멍 051쪽

05 곡선 시접에 가윗밥을 넣어줍니다.

참고 • 가윗밥 051쪽

06 05를 창구멍으로 뒤집어 '귀'를 준비합니다.

07 갈색 코듀로이 원단의 안쪽에 '얼굴a' 도안을 대고 수성펜으로 완성선을 따라 그립니다. 이때 귀와 창구멍의 위치도 함께 표시합니다.

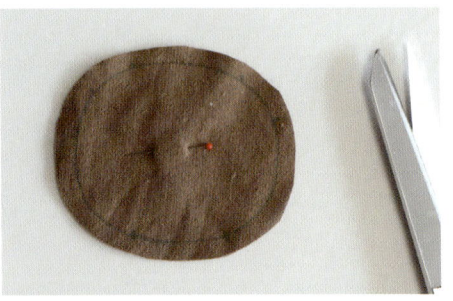

08 07과 나머지 갈색 코듀로이 원단의 겉면을 서로 맞대고 시침 핀으로 고정한 다음 완성선 밖으로 시접을 5mm 남기고 재단합니다.

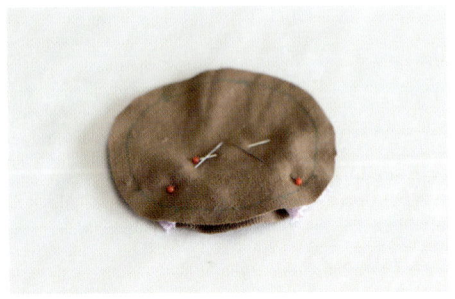

09 07에서 표시한 귀 위치에 06에서 만든 2개의 귀를 갈색 코듀로이 원단 사이로 넣고 시침 핀으로 고정합니다. 귀의 시접과 얼굴의 시접이 정확히 겹쳐야 합니다.

10 09에서 고정한 얼굴을 창구멍을 남기고 완성선을 따라 박음질한 후 시침 핀을 빼줍니다.

참고 • 박음질 036쪽

11 가장자리에 가윗밥을 넣어주고 창구멍으로 뒤집어줍니다. 양쪽 귀가 예쁘게 나왔습니다.

참고 • 가윗밥 051쪽

12 얼굴 앞면에 먹지나 초크 페이퍼를 올리고 그 위에 도안을 올린 다음 철필 등 뾰족한 도구로 눌러서 눈과 입 가장자리, 볼의 위치 등을 그립니다.

참고 • 초크 페이퍼로 도안 옮기기 043쪽

13 아랫부분의 창구멍으로 솜을 넣고 공그르기로 막아줍니다.

참고 • 공그르기 035쪽

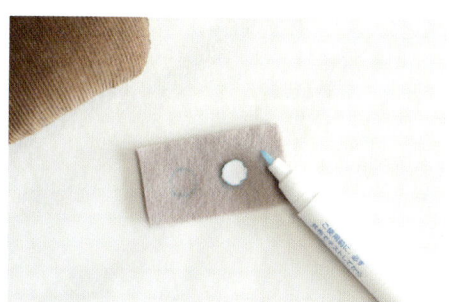

14 밝은 회색 펠트에 눈 도안을 대고 수성펜으로 그립니다.

15 14의 눈을 시접 없이 오려 해당 위치에 올리고 시침 핀으로 고정합니다.

16 15의 눈을 재단선 1mm 안쪽으로 박음질해 달아줍니다.

참고 • 박음질 036쪽

17 박음질한 펠트 눈 위에 단추를 달아 눈동자를 만들어줍니다.

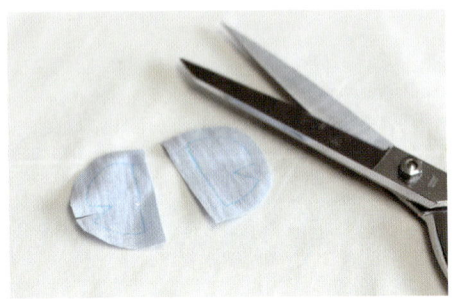

18 하늘색 원단에 '얼굴b' 도안을 2장 그립니다.

19 18의 원단 2장을 시접 5mm 남기고 재단합니다.

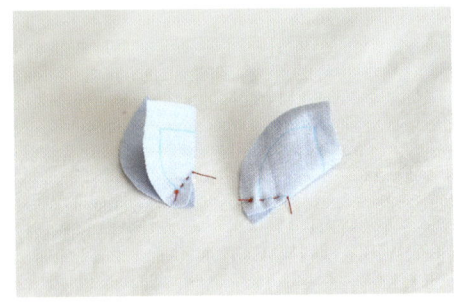

20 다트 부분을 접어서 곱게 홈질합니다.

참고 • 다트 051쪽

21 20의 원단 2장의 겉면을 서로 맞대고 직선 부분을 2~3mm 간격으로 곱게 홈질합니다.

22 곡선 시접에 가윗밥을 넣고 뒤집어줍니다.

참고 • 가윗밥 051쪽

23 12에서 그린 곰의 입 가장자리 위치에 22를 올린 다음 시접을 안으로 접어 넣고 시침 핀으로 고정합니다.

24 입 가장자리의 아랫부분은 남겨두고 위쪽을 공그르기로 고정합니다.

참고 • 공그르기 035쪽

25 24에서 남겨둔 아랫부분으로 솜을 넣어줍니다.

26 솜을 넣은 다음 공그르기로 막아줍니다.

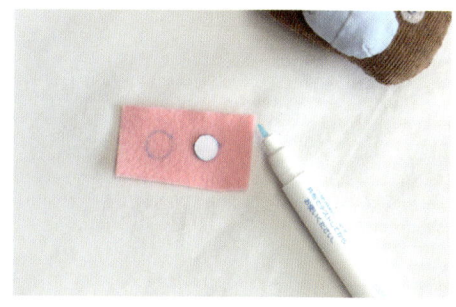

27 분홍색 펠트 위에 볼 도안을 올리고 수성펜으로 따라 그립니다.

28 27을 시접 없이 재단해 양쪽 볼 위치에 올리고 시침 핀으로 고정합니다. 코와 입도 수성 펜으로 그립니다.

29 28의 볼은 분홍색 수실로 재단선 1mm 안쪽에 백 스티치하고, 입도 분홍색 수실로 백 스티치합니다.

참고 • 백 스티치 040쪽

30 갈색 수실로 백 스티치해 코의 형태를 표시한 다음 새틴 스티치로 채워 코를 완성합니다.

참고 • 새틴 스티치 041쪽

31 머리 위에 털 모양을 수성펜으로 그리고 갈색 수실로 스트레이트 스티치를 합니다.

참고 • 스트레이트 스티치 038쪽

32 뒷면에 브로치 핀을 붙여 완성합니다.

노란 아기 오리, 치치

치치는 노란 머리털이 매력적인 아기 오리예요. 친구들은 치치의 머리털이 이상하다
고 놀리지만 치치는 그런 자신의 모습을 정말로 사랑한답니다. 남과 좀 다르면 어때
요? 오늘도 치치는 숲길을 즐겁게 산책하고 있어요.

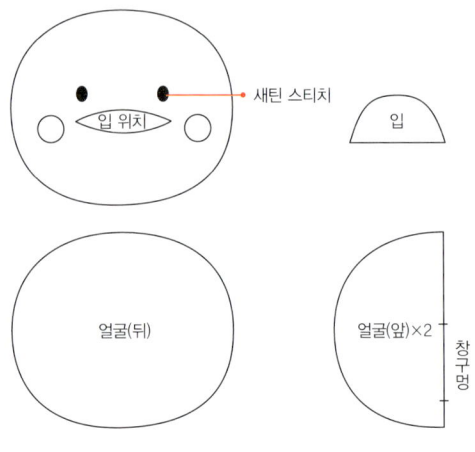

🧵 준비물

얼굴 앞면 노란색 원단(12cm×10cm) 1장
얼굴 뒷면 노란색 원단(10cm×10cm) 1장
입 주황색 원단(9cm×6cm) 1장
머리털 진노란색 양모 약간
눈 갈색 자수실
그 외 방울솜 약간, 원형 브로치 핀(지름 3cm 이하),
초크 페이퍼 또는 먹지, 도안 복사본, 철필

✂️ 도안 & 스티치

새틴 스티치

입 위치

입

얼굴(뒤)

얼굴(앞)×2

창구멍

01 얼굴 '앞면'과 '뒷면', '입' 도안을 각각의 원단 안쪽 면에 대고 수성펜으로 완성선을 따라 그립니다. '얼굴 앞면'과 '입'은 2장씩 그립니다.

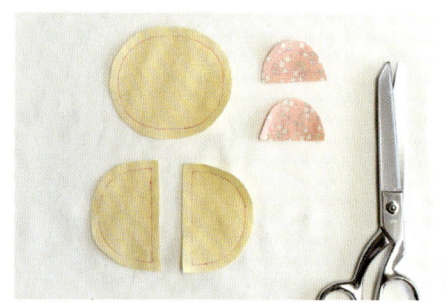

02 01의 완성선 밖으로 시접을 5mm 남기고 재단합니다.

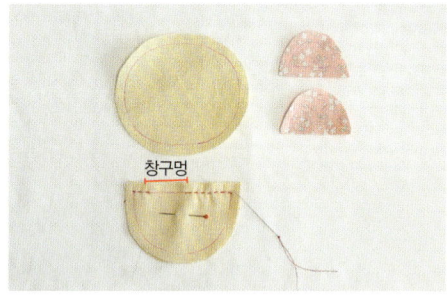

03 얼굴 앞면을 만들 원단 2장의 겉면을 서로 맞대어 창구멍을 남기고 곱게 홈질합니다.

참고 • 홈질 035쪽, 창구멍 051쪽

04 03의 가름솔을 펼칩니다.

참고 • 가름솔 051쪽

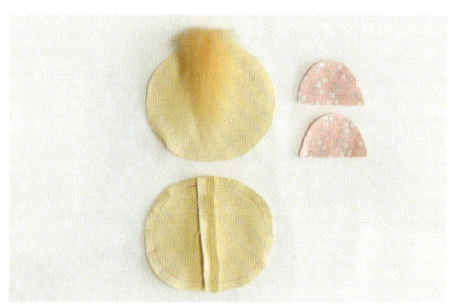

05 얼굴 뒷면을 만들 원단의 겉면에 양모를 올립니다.

참고 • 양모로 머리카락 만들기 050쪽

06 04의 얼굴 앞면과 얼굴 뒷면의 겉면을 서로 맞대고 시침 핀으로 고정한 다음 완성선을 따라 박음질합니다.

참고 • 박음질 036쪽

 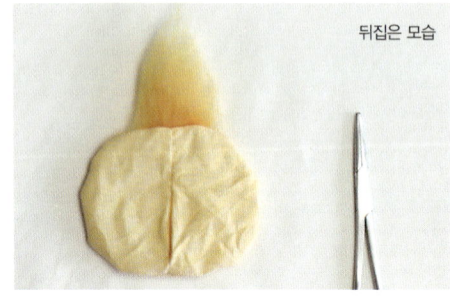

07 얼굴 앞면에 남겨둔 창구멍으로 조심스럽게 뒤집어줍니다. 양모가 안쪽에 있기 때문에 잘못하면 뜯겨 나갈 수 있으니 조심하세요.

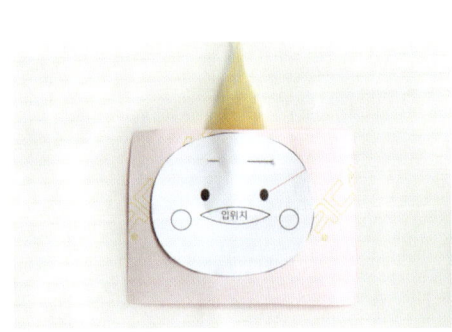 

08 얼굴 앞면에 초크 페이퍼(초크 면이 아래로 향하게)를 올리고 그 위에 도안을 올려서 시침 핀으로 고정합니다.

참고 • 초크 페이퍼로 도안 옮기기 043쪽

09 눈과 입의 위치를 철필로 눌러서 그립니다.

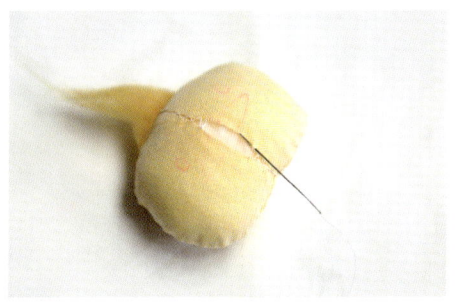 

10 창구멍으로 솜을 채워 넣고 공그르기로 막아줍니다.

참고 • 공그르기 035쪽

11 눈을 갈색 수실로 새틴 스티치합니다.

참고 • 새틴 스티치 041쪽

12 02에서 재단해 두었던 입 원단 2장의 겉면을 서로 맞대고 곡선 부분만 2~3mm 간격으로 곱게 홈질합니다.

참고 • 홈질 035쪽

13 곡선 시접에 가윗밥을 넣어준 후 아래 직선 부분의 시접을 안쪽으로 접어줍니다.

참고 • 가윗밥 051쪽

14 13의 '입'을 뒤집어줍니다.

15 뒤집은 입을 오리 얼굴의 해당 위치에 올리고 시침 핀으로 중앙을 고정합니다.

16 입의 윗부분만 가운데부터 가장자리 쪽으로 공그르기하고, 바늘은 매듭 짓지 않고 그대로 둡니다.

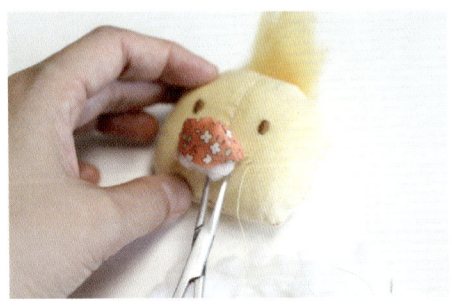

17 입의 윗부분을 모두 공그르기한 다음 아래쪽으로 솜을 넣어줍니다.

18 아랫부분도 시접을 안으로 접어 넣고 공그르기합니다.

참고 • 공그르기 035쪽

19 유성 색연필이나 블러셔로 볼에 홍조를 넣어줍니다.

참고 • 볼터치 하기 049쪽

20 뒷면에 적당한 크기의 브로치 핀을 붙여 완성합니다.

참고 • 브로치 핀 붙이기 046쪽

접착솜으로 만드는 방긋 웃는 구름 브로치

"엄마, 저 구름, 코끼리 같아요. 저건 솜사탕 같아요." 구름은 쉴 새 없이 조잘대는 아이를 보며 방긋 웃지요. 방긋 웃는 구름 브로치를 단 아이는 또 어떤 재미난 상상을 할까요?

 준비물

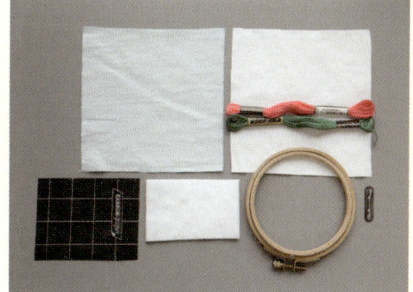

앞면 흰색 면 원단(10cm×10cm)
뒷면 하늘색 면 원단(10cm×10cm)
그 외 자수실 2색(초록색, 진분홍색), 4온스 접착솜(8cm
×5cm), 먹지 또는 초크 페이퍼, 자수틀, 브로치
판(길이 3cm 이하)

도안

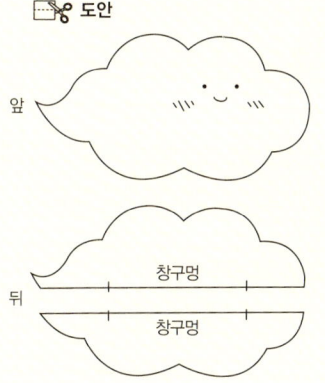

앞

뒤 창구멍

창구멍

스티치

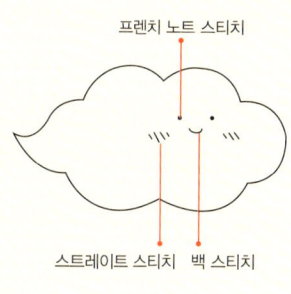

프렌치 노트 스티치

스트레이트 스티치   백 스티치

참고 • 온스 : 솜 등의 두께를 표현할 때 많이 사용하는 단위로 4온스는 대략 2.5~3mm 정도의 두께입니다.

01 흰색 면 원단의 겉면에 먹지와 구름 도안을 순서대로 올리고 철필로 눌러 도안을 옮겨 그립니다.

참고 • 초크 페이퍼로 도안 옮기기 043쪽

02 도안이 그려진 원단을 수틀에 끼웁니다.

참고 • 수틀 없이 수를 놓아도 되지만 솜을 넣기 전에는 수틀에 끼워 자수하는 것이 훨씬 편합니다.

03 먼저 블러셔로 볼에 홍조를 넣어줍니다.

참고 • 볼터치 하기 049쪽

04 구름 눈은 초록색 수실로 프렌치 노트 스티치합니다.

참고 • 프렌치 노트 스티치 042쪽

05 구름의 발그레한 볼은 진분홍색 수실을 사용해 스트레이트 스티치합니다.

참고 • 스트레이트 스티치 038쪽

06 입 모양을 따라 백 스티치합니다.

참고 • 백 스티치 040쪽

07 수틀에서 원단을 뺀 다음 완성선 밖으로 시접을 5mm 남기고 재단합니다.

08 접착솜의 오톨도톨한 면 위에 도안을 대고 완성선을 따라 수성펜으로 그립니다.

09 완성선을 따라 시접 없이 재단합니다.

10 접착솜의 오톨도톨한 면과 07의 구름 앞면의 안쪽을 서로 맞대고 겉에서 다림질해 붙여줍니다.

11 하늘색 원단 안쪽 면에 구름 뒷면 도안을 올리고 완성선을 따라 수성펜으로 그립니다.

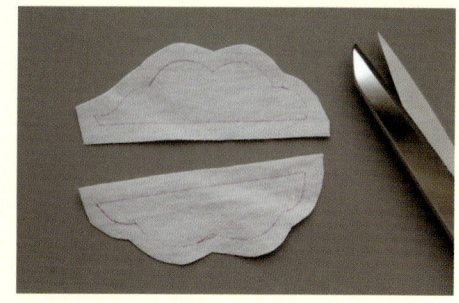

12 11의 완성선 밖으로 시접을 5mm 남기고 재단합니다.

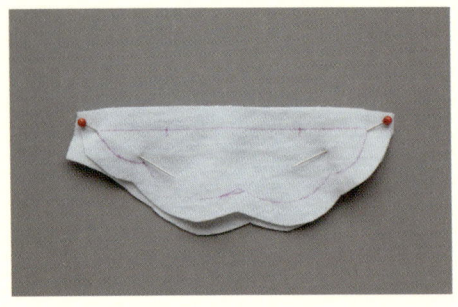

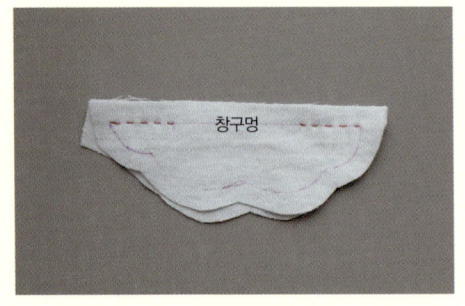

13 12에서 재단한 구름 뒷면 원단 2장의 겉면을 서로 맞대고 시침 핀으로 고정합니다.

14 창구멍을 남기고 양옆을 고운 홈질로 이어줍니다.

참고 • 창구멍 051쪽

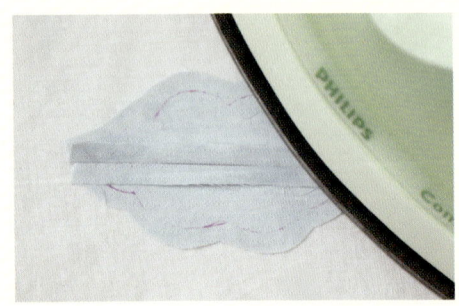

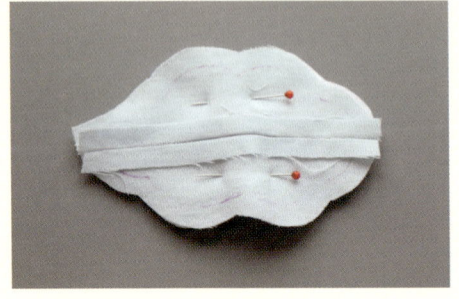

15 구름 뒷면 직선 부분의 가름솔을 펼쳐 다림질합니다.

참고 • 가름솔 051쪽

16 10에서 접착솜을 붙여놓았던 구름 앞면과 뒷면의 겉면을 서로 맞대고 시침 핀으로 고정합니다.

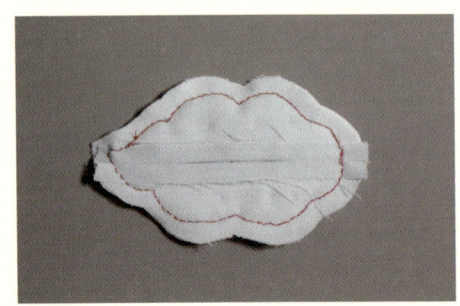

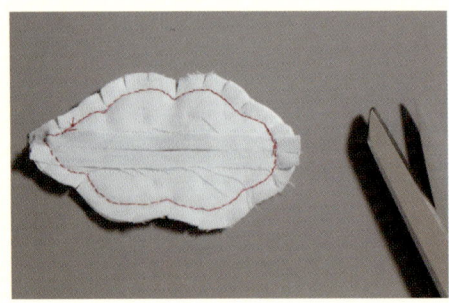

17 구름 완성선을 따라 박음질하고 시접에 가윗밥을 넣어줍니다.

참고 • 가윗밥 051쪽, 박음질 036쪽

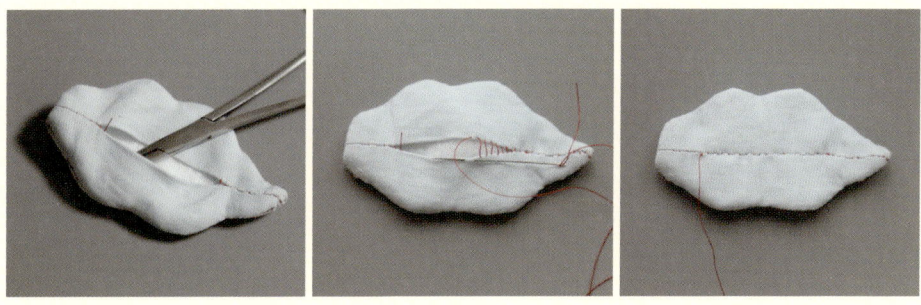

18 창구멍으로 뒤집은 다음 공그르기로 막아줍니다.

참고 • 공그르기 035쪽

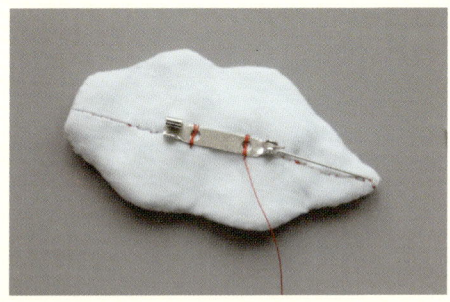

19 뒷면에 브로치 핀을 붙여서 완성합니다.

참고 • 브로치 핀 붙이기 046쪽

20 완성된 구름 브로치의 앞모습입니다.

3

식물 인형
브로치 만들기

기초적인 바느질로 초보자도 쉽게 만들 수 있는 선인장 브로치부터

튤립, 코사지, 귀여운 꼬마 도토리까지

선물하기 좋은 식물 인형 브로치를 만들어볼 거예요.

자투리 천이나 입지 않는 옷도 귀여운 식물 인형으로 다시 태어날 수 있답니다.

입지 않는 옷에서 떼어둔 단추나 작은 비즈들을 더하면

유니크한 나만의 식물 인형이 완성되지요.

직접 만든 핸드메이드 브로치로 특별한 선물을 준비해 보세요.

01

선인장 브로치 만들기

선인장은 다정해 보이지는 않지만 참 사랑스러운 식물이에요. 왠지 무뚝뚝하지만 은 근히 챙겨주는 남자 친구 같다고나 할까요? 선인장의 꽃말은 '불타는 마음'이에요. 직 접 만든 선인장 브로치로 '불타는 마음'을 고백해 보는 것은 어떨까요?

준비물

선인장 초록색 원단(5cm×8cm) 2장
그 외 자수실(노란색), 방울솜 약간, 브로치 핀(길이 3cm 이하)

도안

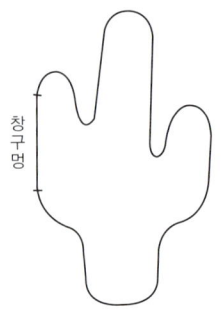

창구멍

스티치

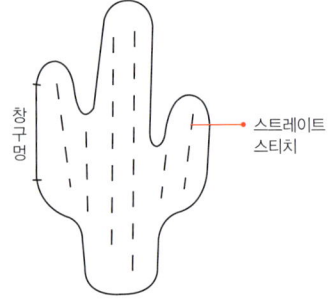

창구멍

스트레이트 스티치

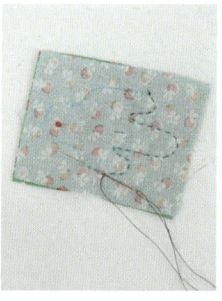

01 초록색 원단의 안쪽 면에 도안을 대고 수성 펜으로 완성선을 따라 그립니다. 2장의 초록색 원단의 겉면을 맞대고 시침 핀으로 고정한 다음 창구멍을 남기고 2~3mm 간격으로 홈질합니다.

참고 • 홈질 035쪽, 창구멍 051쪽

02 곱게 홈질한 선 밖으로 시접을 5mm 남기고 가위로 재단한 다음 가윗밥을 넣어줍니다. 이때 표시된 부분도 꼭 가윗밥을 넣어주세요.

참고 • 가윗밥 051쪽

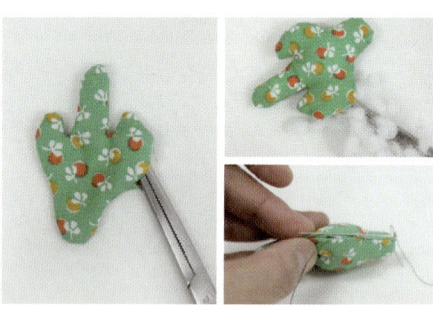

03 창구멍으로 원단을 뒤집고 솜을 넣은 다음 공그르기로 막아줍니다.

참고 • 공그르기 035쪽

04 가시는 노란색 수실로 스트레이트 스티치 합니다.

참고 • 스트레이트 스티치 038쪽

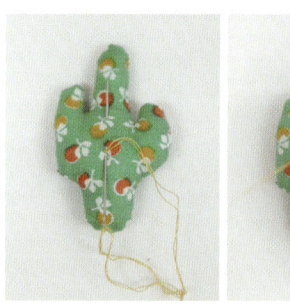

05 스티치가 끝나면 선인장 뒷면으로 바늘을 빼고 매듭을 지은 다음 다시 바늘을 넣고 실을 당겨서 바짝 자릅니다.

참고 • 매듭 숨기기 048쪽

06 뒷면에 브로치 핀을 붙여서 완성합니다.

참고 • 브로치 핀 붙이기 046쪽

코사지 브로치
만들기

자투리 천으로 꽃을 만들고 오래된 옷에서 떼어낸 단추로 멋지게 장식해 보세요. 유니크한 코사지 브로치를 가방에 달고 친구를 만나러 가볼까요?

 도안

스티치

← 백 스티치
← 스트레이트 스티치

준비물

꽃	꽃무늬 프린트 원단(25cm×5cm)
	살구색 펠트(두께 2mm, 7cm×7cm)
나뭇잎	베이지색·초록색 펠트 각 1장(두께 1mm, 7cm×5cm)
장식	레이스(4cm×10cm), 다양한 모양의 단추
뒷면	펠트 원형(지름 4cm)
그 외	브로치 핀(길이 3cm 이하)

01 살구색 펠트에 꽃잎 모양 도안을 올리고 수성펜으로 따라 그립니다.

02 초록색과 베이지색 펠트에 나뭇잎 모양 도안을 올리고 수성펜으로 따라 그립니다.

03 01과 02의 완성선을 따라 시접 없이 가위로 재단합니다.

04 나뭇잎 모양 펠트에 잎맥 모양을 따라 초록색과 파란색 수실로 백 스티치와 스트레이트 스티치를 합니다.

참고 • 스트레이트 스티치 038쪽, 백 스티치 040쪽

05 03의 살구색 꽃 모양 펠트에 나뭇잎 2장을 올리고 박음질로 고정합니다.

참고 • 박음질 036쪽

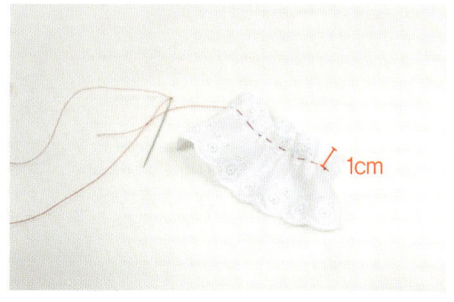

06 레이스 원단 안쪽 면에서 1cm 지점을 따라 홈질을 합니다.

참고 • 홈질 035쪽

07 홈질한 06의 실을 잡아당겨 주름을 만듭니다.

08 07의 레이스를 꽃 모양 펠트에 올리고 홈질이나 박음질로 고정합니다.

1cm

09 꽃무늬 원단을 문양이 겉으로 오게 반으로 접어 가장자리에서 1cm 떨어진 부위를 홈질합니다.

10 홈질한 09의 실을 잡아당겨 주름을 만들면서 모양을 동그랗게 잡아줍니다.

1cm

11 양쪽 끝부분을 맞대어 1cm 남기고 박음질합니다.

참고 • 박음질 036쪽

12 11을 동그랗게 펴서 모양을 잡아줍니다.

뒤에서 본 모습

13 꽃 모양 펠트 위에 12를 올리고 안쪽에서 홈질해 고정합니다.

14 다양한 크기와 색상의 단추들을 달아줍니다.

15 두께 1mm, 지름 4cm 갈색 원형 펠트를 뒷면에 접착제로 붙여서 깔끔하게 정리합니다.

16 브로치 핀을 붙여서 완성합니다.

참고 • 브로치 핀 붙이기 046쪽

꼬마 도토리 하루

하루는 멋 내기를 좋아하는 귀여운 꼬마 도토리랍니다. 오늘도 모자를 예쁘게 장식하고
숲 속 친구들을 만나러 갑니다.

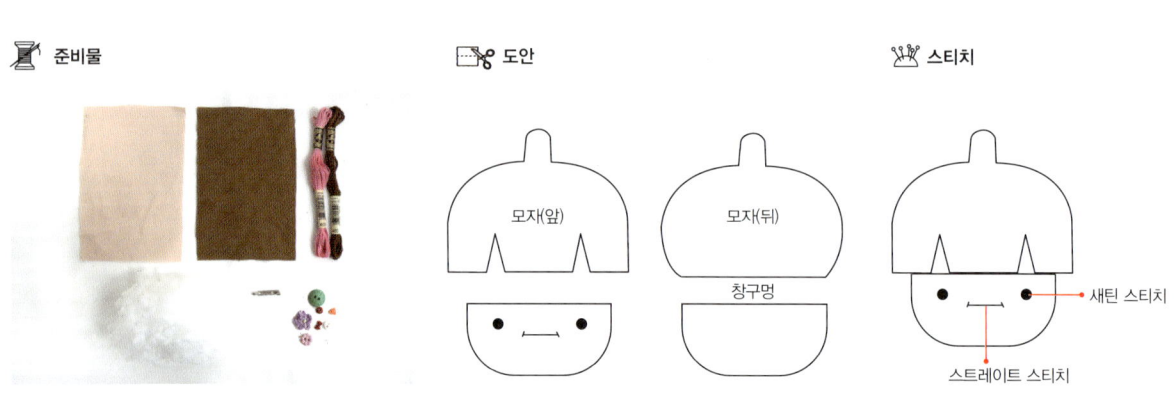

준비물

도안

모자(앞)

모자(뒤)

창구멍

스티치

새틴 스티치

스트레이트 스티치

얼굴	살구색 면 원단(10cm×15cm)
모자	갈색 면마 원단(10cm×15cm)
장식	단추, 비즈 등 장식용 오브제
그 외	자수실 2종(갈색, 분홍색), 브로치 핀(3cm 이하), 방울솜 약간

01 살구색과 갈색 원단에 도토리 얼굴과 모자 도안을 대고 완성선을 따라 그립니다. 이때 도토리 모자는 앞과 뒤의 도안을 따로, 얼굴 도안은 2장을 똑같이 그립니다.

02 도토리 얼굴과 모자의 완성선 밖으로 시접을 5mm 남기고 각각 재단합니다. 이때 도토리 모자 앞면의 다트 부분 중앙에 가윗밥을 넣어줍니다.

참고 • 가윗밥 051쪽

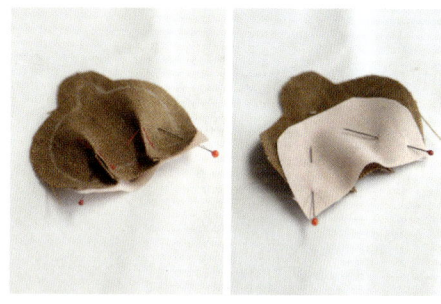

03 도토리 모자 앞면의 다트 부분을 안쪽 면으로 접어 곱게 홈질합니다.

참고 • 다트 051쪽

04 03에서 다트 부분을 홈질한 도토리 모자와 02에서 재단한 얼굴 원단 중 하나의 겉면을 서로 맞대고 시침 핀으로 고정합니다.

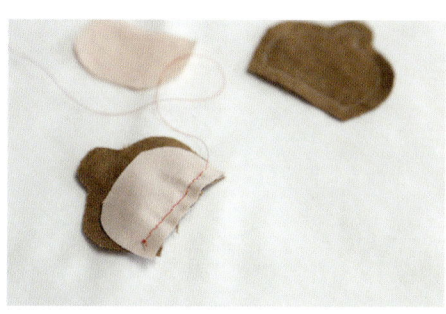

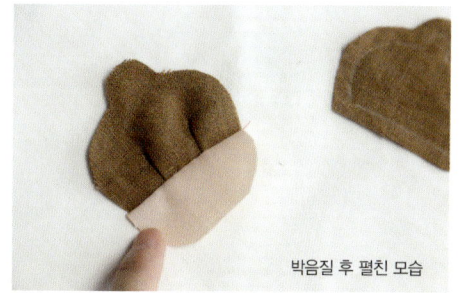

박음질 후 펼친 모습

05 04에서 시침 핀으로 고정한 모자 앞면과 얼굴이 만나는 완성선을 박음질합니다.

참고 • 박음질 036쪽

옆에서 본 모습

뒤에서 본 모습

창구멍

06 02에서 재단하고 아직 바느질하지 않은 도 토리 얼굴과 모자(뒤)의 겉면을 05의 겉면과 정확하게 맞대고 시침 핀으로 고정합니다.

07 완성선을 따라 전체 둘레를 박음질하고 시 접에 가윗밥을 넣어줍니다.
참고 • 박음질 036쪽, 가윗밥 051쪽

08 뒷면 창구멍으로 뒤집고 방울솜을 적당히 넣어준 다음 공그르기로 창구멍을 막아줍니다.
참고 • 창구멍 051쪽, 공그르기 035쪽

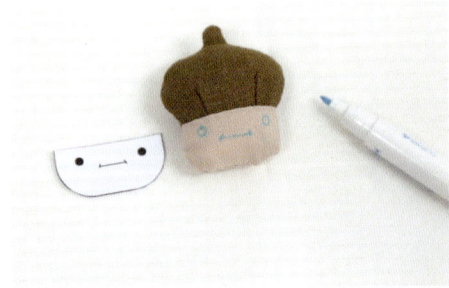

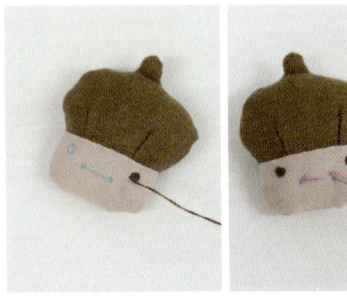

09 도안을 참고해 눈과 입을 수성펜으로 그려 줍니다.

10 눈은 갈색 수실로 새틴 스티치하고, 입은 분 홍색 수실로 스트레이트 스티치합니다.
참고 • 스트레이트 스티치 038쪽, 새틴 스티치 041쪽

11 패브릭용 마커나 블러셔로 볼터치를 해줍니다.

12 단추, 비즈, 꽃 등으로 모자를 장식합니다.

13 이 부분은 보다 자유롭게 표현할 수 있어요.

14 뒷면에 브로치 핀을 붙여서 완성합니다.

참고 • 브로치 핀 붙이기 046쪽

04

파란 튤립 브로치 만들기

이번에는 아이가 그린 예쁜 튤립을 브로치로 만들어볼게요. 아이의 눈으로 바라본 파란 꽃잎에 미소가 저절로 번지네요. 반짝반짝 빛나는 작은 비즈로 아이의 눈빛처럼 반짝이는 파란 튤립 브로치를 만들어보세요.

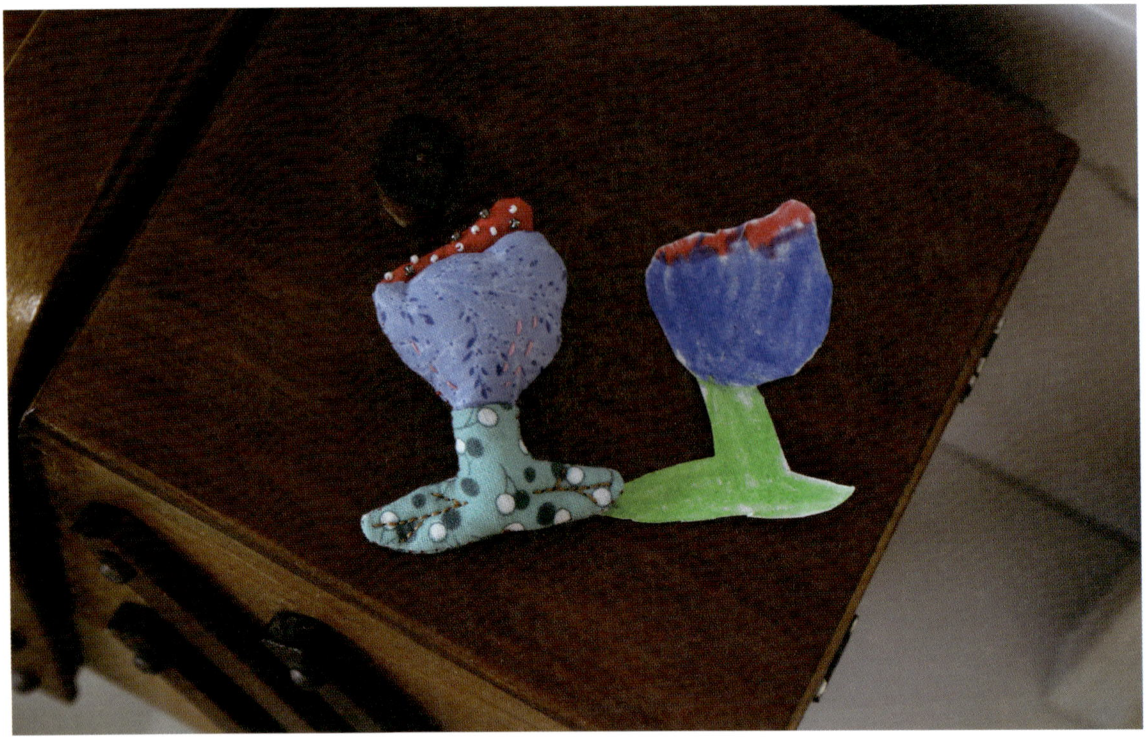

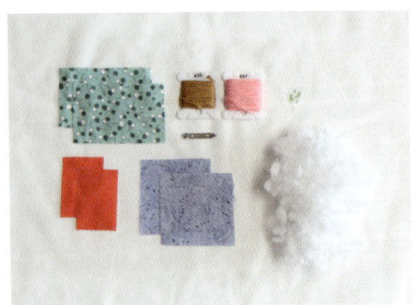

준비물

꽃 파란색 면 원단(6m×6cm)(a) 2장

잎사귀 초록색 면 원단(8cm×5cm)(b) 2장

수술 빨간색 면 원단(5cm×3cm)(c) 2장, 비즈 약간

그 외 자수실 2색(갈색, 분홍색), 브로치 핀(길이 3cm 이하), 방울솜 약간

도안

c
반박음질 선
창구멍
c와 이어지는 부분
a
창구멍
b와 이어지는 부분
b

스티치

스트레이트 스티치
백 스티치

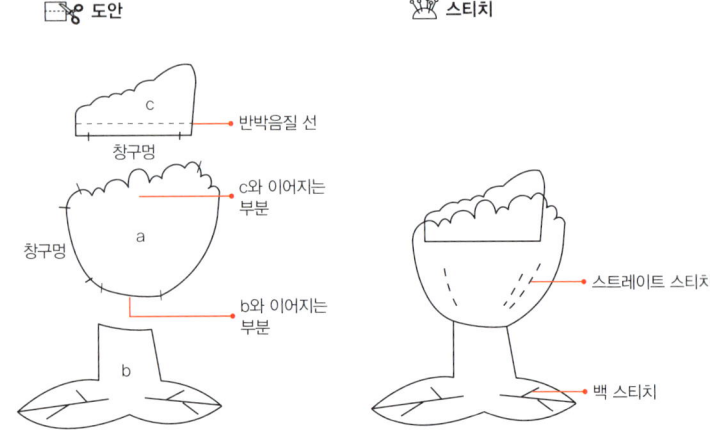

 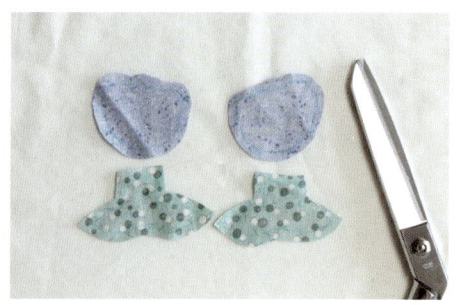

01 파란색과 초록색 원단 안쪽 면에 꽃(a)과 잎사귀(b) 도안을 올리고 완성선을 따라 그립니다. 이때 원래 도안 대로 각각 한 장씩 그리고, 뒤집어서 좌우 반전된 도안으로 각각 한 장씩 더 그려줍니다.

02 01에서 그린 꽃(a)과 잎사귀(b)를 완성선 밖으로 시접을 5mm 남기고 재단합니다.

 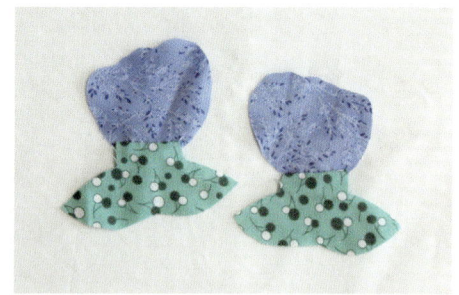

03 재단한 꽃(a)과 잎사귀(b)를 방향에 맞게 겉면끼리 맞대고 홈질로 이어줍니다.

04 03에서 홈질로 연결한 2장의 튤립 모습입니다.

 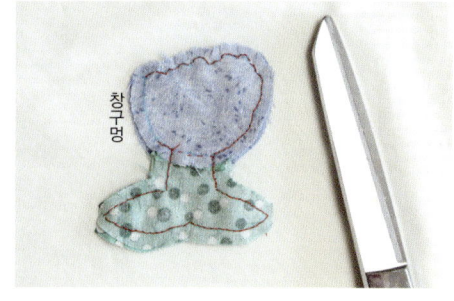

05 04의 튤립을 겉면끼리 맞대고 시침 핀으로 고정합니다. 이때 03에서 꽃(a)과 잎사귀(b)를 이으면서 생긴 시접은 아래쪽으로 향합니다.

06 창구멍을 남기고 박음질한 다음 가윗밥을 넣어주고 시침 핀을 뺍니다.

참고 • 박음질 036쪽, 가윗밥 051쪽

07 겸자가위를 이용해 창구멍으로 튤립 전체를 세심하게 뒤집어줍니다. 겸자가위가 없을 때는 핀셋이나 바늘을 이용해 잎의 모서리까지 꼼꼼하게 빼줍니다.

08 수성펜으로 잎맥과 자수 선을 그려줍니다.

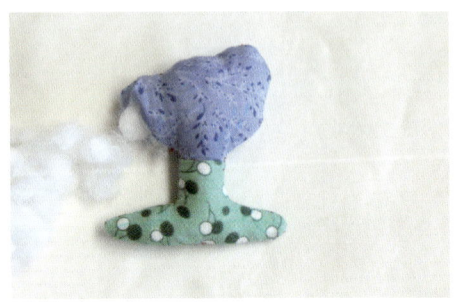

09 창구멍으로 방울솜을 적당히 넣어주고 공그르기로 막아줍니다.

참고 • 공그르기 035쪽

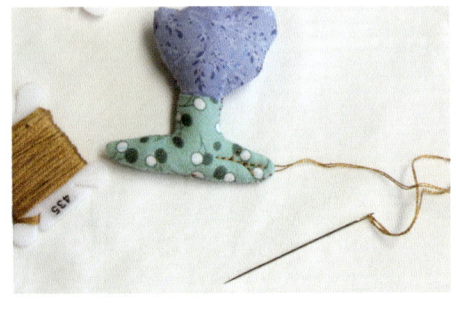

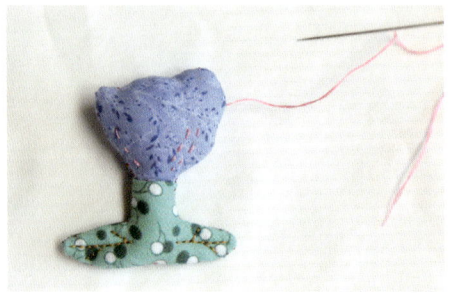

10 갈색 수실로 잎맥을 백 스티치하고, 분홍색 수실로 꽃잎 위에 스트레이트 스티치해서 선을 만들어줍니다.

참고 • 백 스티치 040쪽, 스트레이트 스티치 038쪽

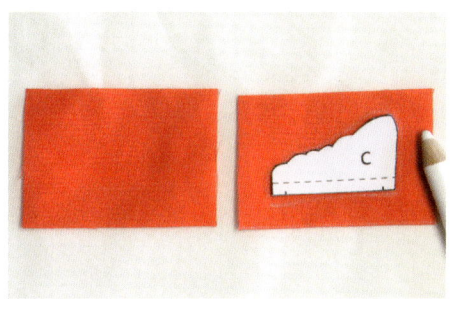

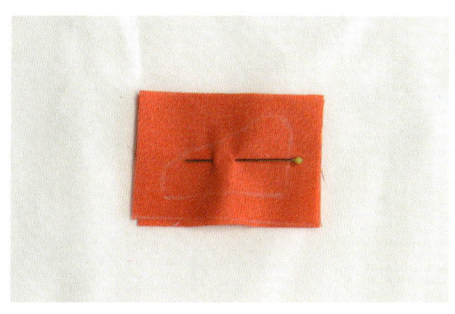

11 이제 튤립의 수술을 만듭니다. 빨간색 원단 안쪽 면에 '도안c'를 올리고 초크펜슬로 완성선을 따라 그려줍니다.

12 빨간색 원단 2장의 겉면을 서로 맞대고 시침 핀으로 고정합니다.

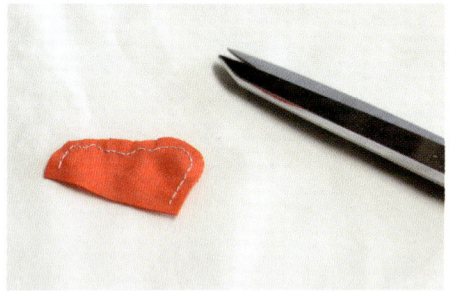

13 곡선 부분만 박음질하고 완성선 밖으로 시접을 5mm 남기고 재단한 후 곡선 시접에 가윗밥을 넣습니다.

참고 • 박음질 036쪽, 가윗밥 051쪽

14 13에서 박음질하지 않은 창구멍으로 뒤집어서 방울솜을 넣어줍니다.

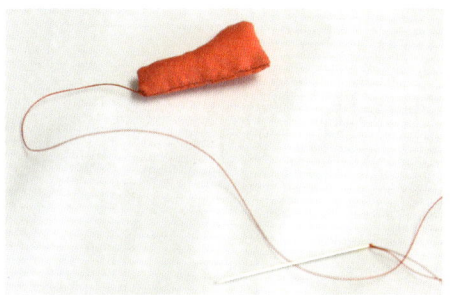

15 창구멍의 시접을 안으로 접어 넣고 공그르기로 막아줍니다.

참고 • 공그르기 035쪽

16 15의 완성된 수술을 튤립 뒷면에 대고 반박음질로 고정합니다. 이때 앞면에서 보았을 때 빨간색 부분이 어느 정도 보이는지 확인하면서 고정합니다. 반박음질이 끝나면 실을 자르지 않고 그대로 앞으로 빼둡니다.

참고 • 반박음질 037쪽

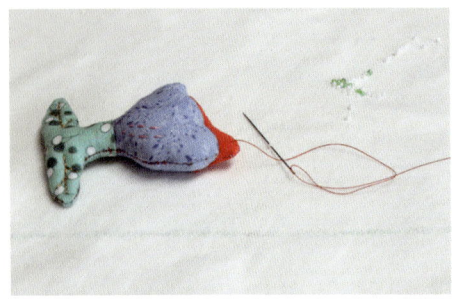

완성된 브로치 앞면과 아이의 그림

17 16에서 앞으로 빼둔 바늘에 준비한 비즈를 꿰어 달아줍니다. 원하는 비즈를 모두 달아 파란 튤립을 완성합니다.

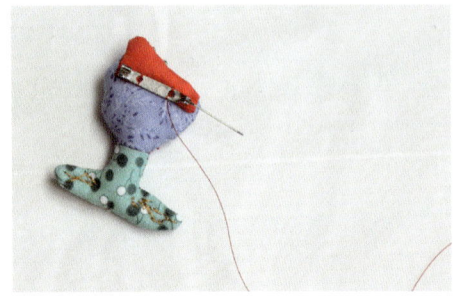

18 뒷면의 튤립과 수술이 이어진 부분에 맞춰 브로치 핀을 달아 완성합니다.

참고 • 브로치 핀 붙이기 046쪽